前ページ：中尊寺金色堂（岩手県平泉町）　アフロ提供

上：中尊寺金色堂阿弥陀三尊像（岩手県平泉町，中尊寺蔵）

藤原三代画像（上：清衡，下右：基衡，下左：秀衡）（岩手県平泉町，毛越寺蔵）

新・人と歴史　拡大版　07

平泉の世紀
藤原清衡

高橋　富雄　著

SHIMIZUSHOIN

本書は「人と歴史」シリーズ（編集委員　小葉田淳、沼田次郎、井上智勇、堀米庸三、田村実造、護雅夫）の「藤原清衡」として一九七一年に、「清水新書」の『平泉の世紀・藤原清衡』として一九八四年に刊行したものを表記や仮名遣い等一部を改めて復刊したものです。

はしがき

平泉には、どうしてあのような文化が栄えることができたのであろうか。その文化をつくり出した藤原氏とは、どういう人たちであったろうか。これは、今日でもいぜんとしてナゾの一つである。美術の一つ一つについては、こまかい研究が積み上げられているが、それはどちらかというと、その技術的な解説にとどまっていることが多い。文化をささえている精神というようなものの解明にまでは及んでいない。この本では、まず、藤原氏と平泉文化についてのそのような根本的問題に、総合的かつ系統的な見通しを与えようとしている。

しかし、この本では、この点よりも、藤原氏の前にあって、この人たちのために大きな歴史の道を用意した先駆者たち、すなわち、安倍氏や清原氏の歴史を明らかにすることに、もっと大きな力点を置いた。安倍氏の「前九年の役」、清原氏の「後三年の役」は、日本古代史に転換をもたらす重要な内乱であったにかかわらず、その担い手たる安倍氏や清原氏の歴史的性格が明らかでなかったために、その転機としての意義も明らかにすることができなかった。藤原氏や平泉文化の構造理解が十分でなかったのも、この前史が暗黒だったことによるところが多い。本書では、その暗黒の歴史に系統的な理解の道を開き、この辺境の古代史に一貫した展望を与えるように工夫している。

（お断り―「人と歴史」シリーズの一冊として『藤原清衡』が刊行されて以後、市町村合併によって地名表記が大きく変更されました。そこで、この度の復刊にあたっては著作権継承者のご了解を得て、二〇一七年現在の地名表記に改めました。また、同様に大きく変容した史跡や景観などの写真も現在のものに差し替えました―清水書院編集部）

目次

III 平泉の世紀

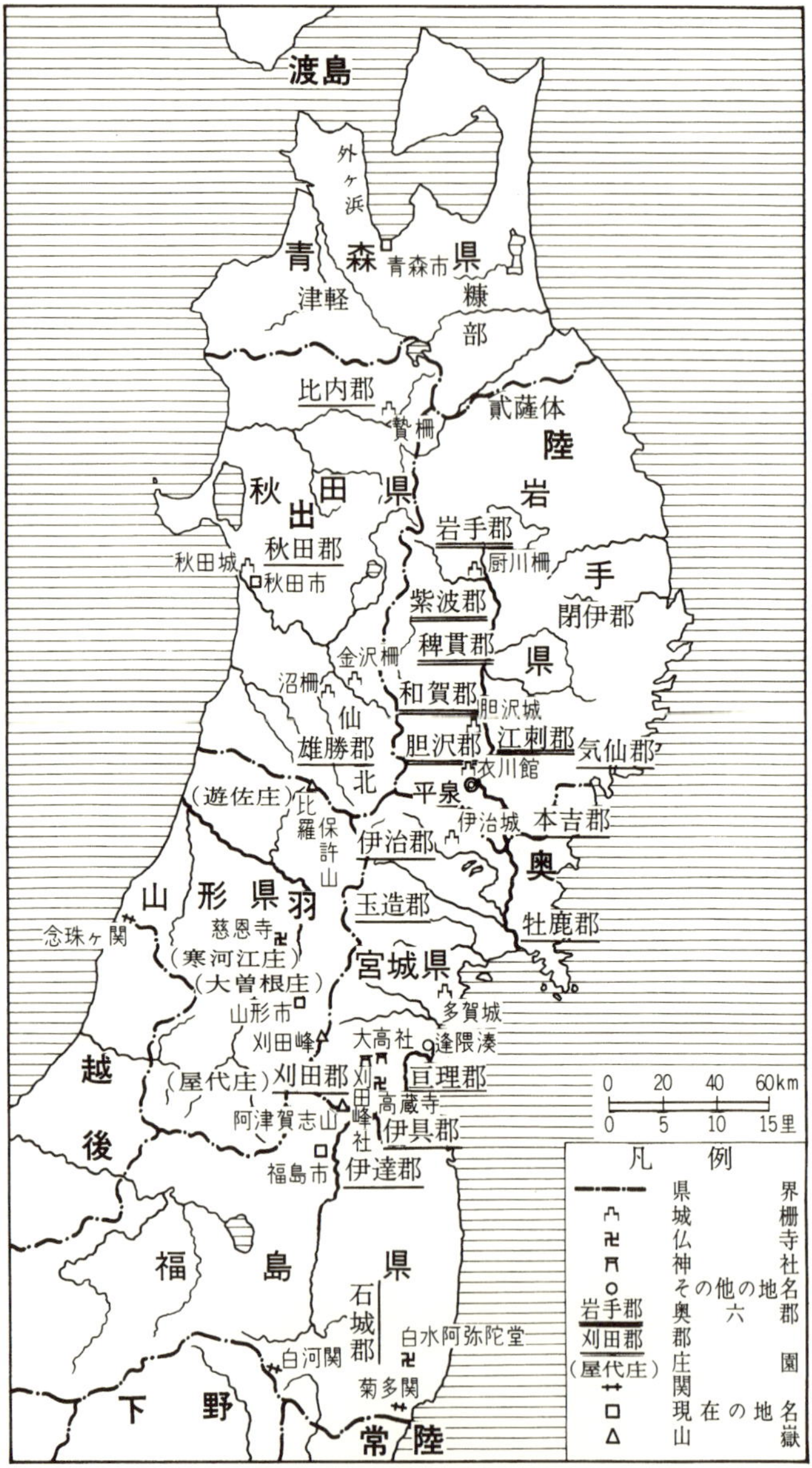

奥州 藤原氏四代関係奥羽略図

序

辺境の「かなめ」

平泉に東北全体をおさめる政治都市をつくり、中尊寺に金色堂《こんじきどう》など王朝文化を代表する文化をおこした――藤原清衡《ふじわらきよひら》の歴史的意義は、このように要約できるであろう。

ところで、清衡のこのような業績は、一朝一夕《いっちょういっせき》にして成ったものではなかった。それは、先行の長い歴史の歩みをうけてはじめてなしとげられたものであった。また、かれ一代の間に、すべてがなしとげられたのでもなく、それから一世紀間、父祖三代にわたる努力を継続して、「平泉の世紀」とも呼ばるべき平和と繁栄を実現し、そのなかでその仕事も実を結んだのであった。

藤原清衡という人は、このように日本古代の辺境の歴史において、前をうけ、後を定める「かなめ」の位置にある人である。蝦夷《えぞ》征伐以来の長い歴史は、かれのところでせきとめられて、新しい時代へと転換させられた、清衡・基衡《もとひら》・秀衡《ひでひら》、中尊寺・毛越《もうつ》寺・無量光院《むりょうこういん》と続く藤原三代の政治と文化は、かれがはじめ方向づけたところのものを、全面的に展開したものにほかならない。だから、清衡という人物を通して、われわれは、ひとり藤原氏一世紀の歴史を明らかにすることができるだけでなく、東北辺境古代史の総まとめをこころみることができるのである。

藤原氏が東北古代の最後の覇者《はしゃ》となる「地ならし」は、安倍《あべ》氏・清原氏という地もとの大族長氏族がおこなっていた。「前九年《ぜんくねん》の役《えき》（合戦）」・「後三年《ごさんねん》の役《えき》（合戦）」という内乱はその過程でおこっている。清衡は、安倍氏の有力な部将であった藤原経清《つねきよ》の子であるが、母は安倍頼時《よりとき》の娘であったから、安倍の一族であったともいえる。「前九年の役」で安倍氏が滅びると、その領土は、この戦争の平定に功労のあった清原氏の手に渡った。清衡の母はその清原の当主武《たけ》則《のり》の子武貞《たけさだ》に再嫁し、かれ自身も清原氏の一員として成長する。そして、「後三年の役」ののちは、そのただひとりの生存者として、清原のすべての遺産相続者となる。

清衡は、このようにして安倍・清原両氏をうけた支配者となるのであるが、それなら、安倍氏・清原氏は、いったい何を歴史にもたらしたのであったか。かれらは「俘囚長《ふしゅうちょう》」と呼ばれて、蝦夷征討後の蝦夷問題を代表する人たちである（「俘囚」というのは降伏した蝦夷のこと、「俘囚長」はその統率者のことである）。蝦夷はこれまで征服されるいっぽうの民であった。政府側の支配のもとにおかれ、何百年か、かれらは石のようにおしだまってたえしのんできた。安倍氏や清原氏は、その征服と忍従の歴史をはねかえして、独立を主張しはじめる。藤原清衡は、その独立を一つの政治組織をもった地方政権というところまでおしすすめたのである。これは、東北の歴史、

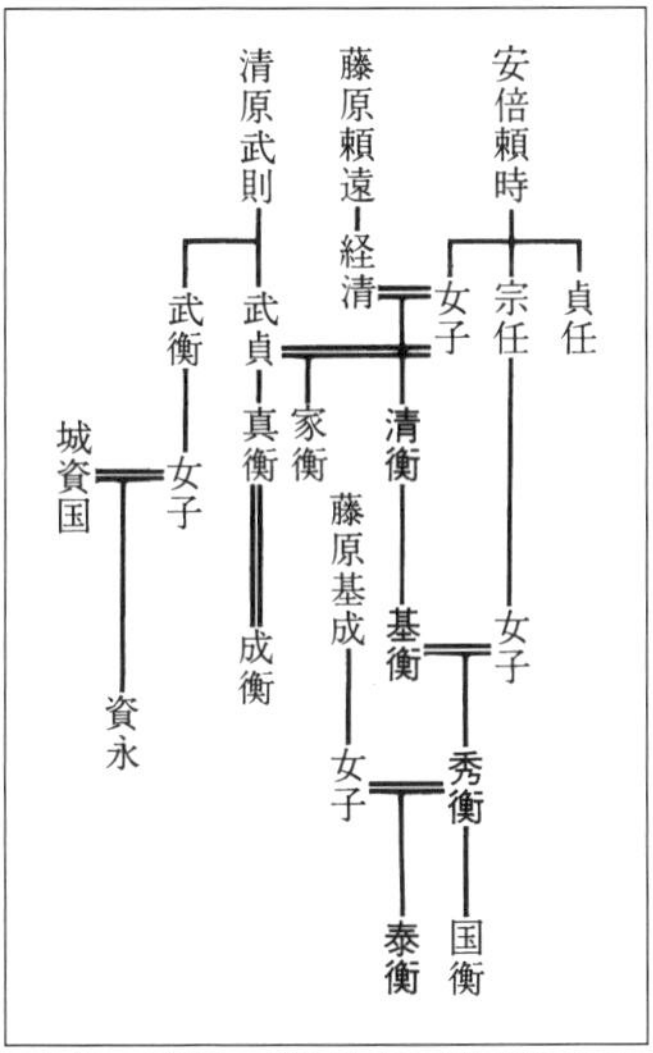

安倍・清原・藤原三氏関係略系図

蝦夷の歴史にとっては一つの革命を意味した。東北にとってそのように画期的であったばかりでなく、日本の歴史にとっても、一つの重大な転換を意味した。奈良や京都に組織された政府が、その出先機関として、大宰府《だざいふ》や多賀城《たがじょう》のように地方にも強力な官庁を設けることはあった。しかし、地方の勢力が独自の力で、独立した政権をつくる、というようなことは、これまでの日本の歴史にはなかったことである。

平泉藤原氏は、武門が政権を組織する、という点では平氏政権に一歩先んじ、地方政権が奈良・京都の政権に取って代わる、という点では鎌倉幕府を先駆するものである。清衡はそのような輝かしい歴史の創始者という名誉をになう人なのである。

清衡のつくりだした歴史は、その文化において、よりいっそう革命的であった。「道奥《みちのおく》」、ということばが何よりもよく物語っているように、古代の東北は、政治的にも文化的にもまったく未開の奥地として位置づけられていた土地がらである。蝦夷というのは、そのことを人に即していい直したものであって、その意味は、未開野蛮人、ということであった。そのような土地のそのような人たちのなかに、清衡は中尊寺を建てた。その寺は「皆金色《かいこんじき》」というふうに称されて、すべて金色燦然《こんじきさんぜん》とした美しさに輝いていた。金色堂内陣《ないじん》の四本の巻柱は「七宝荘厳《しっぽうしょうごん》の巻柱」と呼ばれる。このように豪華な柱は、現存しないばかりでなく、これまでもつくられたことはないだろうといわれている。そのほかにも、中尊寺にあったこと、現存することが確かめられることによって、平安時代の貴族文化の不明な点を補うというような場合がはなはだ多いのである。

未開野蛮なはずのところに、逆にもっともはなやかな王朝文化の一つが生い育ったというようなことは、驚嘆すべきことがらである。このような仕事を系統的におしすすめていった清衡という人は、おそるべき力をもった人物であったといわなければならない。

不毛の歴史にたえ、不幸な境遇をじっと忍んで、最後の勝利をかちとり、長い平和と繁栄をみごとなしとげた点で、清衡は古代東北の家康のような人であったといえるかもしれない。清原に連《つ》れ子として育ちながら、清原支配のなかにとけこんでゆく。義家《よしいえ》という派手好みの武将がくれば、如才《じょさい》なくこれに仕えて角《つの》を出すことはしない――「忍」の一語につきる半生にたえぬいて、ついに東北全土をその手中におさめとるのである。これは、将門《まさかど》も、安倍や清原もついになしとげえなかった政治の戦いに、地方人として清衡がはじめて勝利したことを意味するのである。当時「日本の半国」もあると評判された東北に、そう大きな抵抗もなく在地の独立政権を成立させ、一世紀にわたり、枝も鳴らさぬ安定を維持できたということは、なんとしても偉大なことであったといわなければならない。

藤原清衡という人は、このように、日本古代史上、辺境というもののもつ課題性を、一身になった人物、というふうに理解されるべきであると思う。

I

奥六郡と族長制

俘囚長の系譜

藤原氏と俘囚

❖蝦夷の首長

藤原氏の歴史にはいる前に、まず、藤原氏を生み出した歴史からはじめよう。

藤原氏の初代清衡は、自分のことを「蝦夷の子孫」であるといっている。だとすると、藤原氏の先祖を考えるにあたっては、これと蝦夷との関係を最初に取り扱わなければならないことになる。そこで、藤原氏と蝦夷とのかかわりがどうなっているかということからその伝記をたどることにしたいと思う。

藤原清衡は、中尊寺金堂《こんどう》の落慶《らっけい》（完成）を祝うときの「供養願文《くようがんもん》」のなかで、『自分は「東《とう》夷《い》の遠酋《えんしゅう》」であるのに、ありがたい平和なみ世に生まれあわせて、しあわせこのうえもない。』

というふうに述懐している。また、『あやまって「俘囚の上頭」となっているが、東北はもとより、粛慎《しゅくしん》・挹婁《ゆうろう》（どちらも北の蛮族）の地までも平和に治まっている。』と感謝している。

この「供養願文」にある「東夷の遠酋」というのは「東国の蝦夷の流れをくむ酋長《しゅうちょう》」の意味である。また、「俘囚の上頭」というのは「降伏した蝦夷の頭領」の意味である。そのどちらも、清衡がなんらかの形で「蝦夷の首長」という家がらであることを示しているのである。

これは、神や仏に対してかれがへりくだったいいかたをしたまでのことであるかもしれない。しかし、もともと「蝦夷の国」と呼ばれていた東北の現地の人が、自分を「蝦夷の子孫」「蝦夷の首領」と呼ぶのだから、単なる謙遜とばかりいえない気になることも、確かである。

しかも、そのようないいかたは、この「供養願文」にだけ見えるのではない。平安末期ごろに成立した『三外往生記《さんがいおうじょうき》』という往生者の伝記にも、これと同じ趣旨の用法が見られる。すなわち、都の下級官人であった道俊という者が奥州に下り、「獄長清衡《ごくちょう》」に文筆をもって仕えたとあるが、この「獄長」とは「俘囚長」の意味である。俘囚は捕虜として監獄に収容され監視されていたという考えから「俘囚長」は「獄長」と置き換えられたのであった。そのことは、この本に、道俊は、「身を東夷にまかせていても、心は西方浄土の往生を願っていた」とあることで、なお明らかになる。清衡は、「蝦夷の長」と考えられていたのである。

❖匈奴基衡・戎狄秀衡

清衡は時期も古いから、蝦夷呼ばわりもやむをえない、とも考えられよう。しかしその呼称は、子の基衡、孫の秀衡まで、同じように続いている。基衡が、有名な左大臣の藤原頼長と、荘園のことで争ったとき、頼長の家臣の成佐という人は、主君を諫めて、「匈奴《きょうど》は無道なものだ、おどしてもだめだ、徳をもってなつけねばならぬ」と言ったと、頼長の日記『台記《たいき》』にはある。「匈奴」というのは、中国で北方の蛮族をさすことばで、このさいは「蝦夷」にあたり、つまり基衡をさしていったものである。

二代基衡も、やはり「蝦夷」であったのである。

清衡・基衡は蝦夷といわれてもしかたなかった面もある。このふたりはまだ正式の役人になっていなかったと思われるからである。ところが、三代秀衡になると、鎮守府《ちんじゅふ》将軍・陸奥守《むつのかみ》となって、堂々たる「北方の王者」としての地位を正式に認められているのに、なおかつ「蝦夷」と呼ばれる点では、父祖とすこしも異なるところがなかったのである。

すなわち、九条兼実《くじょうかねざね》の日記『玉葉《ぎょくよう》』によると、秀衡が鎮守府将軍従五位下に任ぜられた嘉応二年（一一七〇）五月二七日条には「夷狄《いてき》秀平」（平は衡）、また、源氏が旗上げしたので、平家が秀衡を陣営に引き入れようとしていることを伝える治承四年（一一八〇）一二月四日条には「奥州戎狄《じゆうてき》秀衡」とある。いずれも「蝦夷秀衡」というのと同じいいかたである。親子三代そろって「蝦夷」であって、とくに秀衡までそうだというのであれば、藤原氏にとって「蝦夷」との因縁は、よくよくのものであったと考えざるをえない。

安倍氏・清原氏と俘囚長

❖「奥六郡」の俘囚長

藤原氏が「蝦夷の長」である、という考えはほとんど動かしがたいものであることがわかった。それなら、藤原氏だけそうであったのであろうか。その先輩氏族であった安倍氏や清原氏はどうであったろうか。実は、安倍氏や清原氏こそ、本来的な「蝦夷の族長氏族」であった。藤原氏は、その系譜につらなるものとして「蝦夷」だとされていたようなのである。

安倍氏が反乱を起こして、「前九年の役」の大乱になったときの戦記物が『陸奥話記《むつわき》』という本である。この本のはじめには、その安倍氏は、頼時の父祖忠頼の時以来「東夷の酋長」であったとある。その「東夷」というのが、いわゆる「俘囚」に当たることは、『頼時がその「諸部の俘囚」をひきいて戦った』とあることで明らかである。

安倍氏およびその部下の民が、「蝦夷」ないし「俘囚」と考えられていたことは、すべての本が一致して認めているところである。まず、この乱の主たる平定者、源頼義の奏状というのがあるが、そのなかに「奥州のうち、東夷蜂起《ほうき》す。郡県を領し、以《もっ》て胡地《こち》となし、人民を駈《く》して以て蛮虜《ばんりょ》となす」とある。「東夷」・「胡地」（夷地）・「蛮虜」。みな「蝦夷」としての扱いであることがわかるであろう。このことは、乱が終わって、安倍氏の処分がすんだことを伝えるときも同じである。「俘囚貞任《さだとう》」・「俘囚宗任《むねとう》」。公家の日記や政府の公記録にも、みなそういう形で出ている。

してみれば、安倍氏こそはまごうかたない「俘囚長」の家がらであった。清衡はその安倍氏の外孫である。基衡の妻、つまり秀衡の母も安倍氏であった。藤原氏は、このように、安倍氏につらなるものとして「俘囚」であったのである。

❖「山北の俘囚主」

それなら、清原氏はどうであったろうか。これも安倍氏とまったく同じ性質の「俘囚長」の家がらであった。『陸奥話記』は清原氏のことにもふれている。

「前九年の役」で、独力で安倍氏に勝てなかった源頼義は、三顧《さんこ》の礼をつくして、清原武則に協力を求めた。その清原氏は「出羽山北の俘囚主」であったとあるから、これも出羽国の「俘囚長」の家がらであったのである。「山北」(「センポク」と読む)は後世「仙北」とも書き、今日秋田県のその方面に仙北郡というのがあるが、これは「山北」から出ている。秋田県の雄勝《おかち》郡の南境に、古代、比羅保許山《ひらほこやま》と呼ばれた山があった。その山の北、という意味でこの呼び名がおこった。今日の秋田県雄勝・仙北郡と横手市のあたりである。

清原氏が蝦夷・俘囚の出だとする説は、この『陸奥話記』のほかにもある。清原氏のおこした「後三年の役」のことを書いた『奥州後三年記』には、「武則、えびすのいやしきをもちて、かたじけなくも鎮守府将軍の名をけがせり」とあるのである。

こうして、本来、安倍氏・清原氏が「俘囚長」の家がらであって、その伝統を伝えるものとして、藤原氏もまた「俘囚長」の家がらになったということが、ほぼ確かめられることになったのである。

いったい、「俘囚長」というのは、どういういわれをもったものであろうか。それはそもそもいつ、どんな理由ではじめられたものか。安倍氏や清原氏がはじめてなったものなのか、それともその先があるのか。あるとすれば、それはどこまでさかのぼるのか。この問題をきわめることによって、これら北方の族長支配の根底にあるものを解き明かすことができるように思われるのである。

「俘囚長」のおこり

❖「俘囚長」の制度

「俘囚長」の歴史は、九世紀の初期、律令時代の蝦夷征討の時期までさかのぼる。それは、安倍氏や清原氏が「俘囚長」として古代史を揺り動かす一一世紀半ばより、およそ二五〇年も前のことに当たる。そこで、これまでの研究は、この前と後、二つの「俘囚長制」の間に具体的なつながりがあろうなどとは夢にも考えてこなかった。これまでの考えかたにおいては、蝦夷問題は、すでに九世紀末までには終わっている。安倍氏が「前九年の役」を起こす一一世紀半ばまでには、すくなくとも一五〇年ないし二〇〇年という平和な時期が間にある。

二つがまっすぐに結びつくということは、およそ考えられない、とされていたのであった。

しかし、そこに誤りがあった。従来の古代史学は蝦夷征討だけを見て、その「征伐後《ポスト・ウォー》」を見てこなかったのである。蝦夷征討は、蝦夷経営のためのものであることを思うならば、征討が終わったあとの、本格的な経営こそは、征討に終わりあらしめるものである。「俘囚長」の制度は、その経営に終わりあらしめる組織として設けられたものである。いってみれば、それは戦わずして戦いの勝利をおさめる制度である。平和になり、武力に訴えることがなくなったた

蝦夷降伏の図（「聖徳太子絵伝」より、東京国立博物館蔵）
Image: TNM Image Archives

めに、かえって、このように戦いによらざる組織の支配に重心がかかっていった。蝦夷の経営が、王朝時代にもなんらかの形で続いたとすれば、その支配は、まったく、この「俘囚長制」のパイプを通して下へおろされていたと考えなければならない。その理由はおいおい明らかにすることにして、まず、九世紀初期の俘囚長制度というのが、どういうものであったかを説明しておく。

この制度は、二つの柱より成る。一つは「俘囚長の選任」であり、もう一つは「俘囚専当国司の任命」である。これによって、俘囚は系統的に国家統治の支配下に編成されることになる。『日本後紀』という本の弘仁三年（八一二）六月二日のところには、「俘囚長の選任」について、次のように規定している。

諸国の蝦夷らは、国のおきてに従わないで禁令をおかしている。かれらの野蛮性が、簡単に開明化しがたいということもあるが、しかし、これはおもに教化のいたらないためである。よろしく、その同類のなかで、事を処理するに明らかな心の持ち主で、みんなが推服するところの者一人を選んで、その長とし、統制を厳にするようにせよ。

これによれば、「夷俘長」ないし「俘囚長」と呼ばれるものは、その「夷俘」ないし「俘囚」のなかから選ばれて、これに教化・統制を加えてゆく統率者である。

次に、「夷俘」ないし「俘囚」専当国司の制であるが、これについては、『類聚国史《るいじゅうこくし》』という本の弘仁四年一一月二四日条に「諸国、介《すけ》（次席国司）以上一人を選んで、夷俘専当国司とする」と規定している。だから、降伏蝦夷については、各国ごとに、次官の「介」または長官の「守《かみ》」が、その専任の担当国司となって管理に当たることになったのである。その担当国司は「俘囚長」を通して、俘囚の統制を行なうことになる。問題はそのあたりにあったのである。

❖「夷を以て夷を制す」

この「俘囚長の制度」は、これから先の蝦夷問題の推移に重大な関係をもっている。それは、俘囚のなかから俘囚を統治するものを選任し、これに実権を持たせて、国司は名目上、その上にのっかるだけの制度なのであるが、これでは、俘囚に組織を食い物にさせるために、制度が設けられたも同然だからである。安倍氏や清原氏は、そのようないわくづきの制度の廃墟をかき分けて一一世紀の歴史に登場する。「俘囚長」というのは、かれらの権力の由来を物語る

「ヘソの緒《お》」であった。
もともと、古代国家の蝦夷経営は、できるだけ手荒なことはしないで、教えさとし、徳をもってなづけることをもって、策をえたものとしていた。だから、征討する場合でも、みずからは手をくださないで、降伏した蝦夷を使って説得させたり、政略的に「俘軍《ふぐん》」（降伏蝦夷軍）を主力部隊として蝦夷の抵抗を排除するというような方式をとっていたのである。「夷を以て夷を制する」といわれたのは、そのような高等政策をさしていたのである。

この方式は、政府側の政治的・軍事的指導力が強く安定しているときは効果的であったが、それがゆるむと、前述のように組織の内側から組織をくずす反作用となって働いてくる。すでに、八世紀の末において、伊治公呰麻呂《いじのきみあざまろ》という蝦夷出身の上治郡領《かみじぐんりょう》（宮城県栗原郡郡司）は、独力で多賀城まで攻めこむという実力を貯えるにいたっていた。九世紀の末に近い「元慶《がんぎょう》の乱」においては、秋田城下の俘囚たちは、城を奪って、秋田県北部から青森県までおよぶ大反乱を組織することができた。このときも政府側は、これをまあまあとなだめるいっぽうの鎮撫《ちんぶ》方針をとり、処分者を一人も出さない形で局を結んだのである。

これは、八七八年（元慶二）のことである。古代の公記録は、これからのち、そう大きな蝦夷の反乱があったことは伝えなくなる。それで一般の人たちは、蝦夷問題も九世紀末で終息したと考えてきた。それが歴史の理解を大きく誤らせた。これまでは「支配の外」にあった蝦夷問題が、ここから「支配の内」にかかえこまれたにすぎなかった。「俘囚長の制度」が、その内に組織された蝦夷問題のその後の歩みを物語っている。安倍氏も清原氏も、そこをかれらのふるさととしているのである。

奥六郡の司

俘囚のくに

❖俘囚郷

古代の国や郡・村のことを書きのせた本に『和名抄《わみょうしょう》』というのがある。古代の国語辞典なのであるが、地名のよび名を知らせるために、国郡から村の名まえまであげている。そのなかの上野国《こうずけ》（群馬県）と周防国《すおう》（山口県）の部には「俘囚郷《ふしゅうのごう》」というのが見える。「郷」というのは、古代の村のことである。すなわち、上野国の場合は、碓氷《うすい》郡・多胡《たご》郡・緑野《みどの》郡の三郡に、また周防国の場合は吉敷郡というのに、それが認められる。もっとも「俘囚」は「浮囚」と書かれているが、これはいうまでもなく、「俘囚」ということの意味がよくわからなくなった段階での誤写である。

この「俘囚郷」というのが、蝦夷征討の結果、捕虜になったり投降したりした蝦夷が内地に移送され、そこでつくるようになった「俘囚」の自治集落をさすものであることは、いうまでもない。

『和名抄』よりもわずか前に成立した『延喜式《えんぎしき》』という本には、全国に移された俘囚の経費として「俘囚料」という出挙稲《すいことう》（官稲を貸し出して利子をあげるもの）を計上している。それによると、全国にわたり三五か国まで、それを特別会計として計上していることがわかる。これには、畿内《きない》と東北は含まれていない。畿内は王者のお膝元だから、これを置かなかった。東北は、国全体が蝦夷国・俘囚国という性格のところだからこれは別扱いである。

『延喜式』には周防国に「俘囚料」の計上を見ないが、これは、周防国に「俘囚郷」があることからいって、もとその計上のあったものが、『延喜式』段階で、その特別扱いをやめたものか、ないし記載もれになっているかのどちらかであろう。そのようなことは、他にもあったと思われるから、「俘囚」は大部分の国に移配されたと考えられる。かれらは、移配先でも、自治集落で特殊集団をなしていた。その多くは、じょじょに公民化し、特異扱いを停止されて一般人のなかに吸収されていったが、そのいくつかは、最後まで自治集落としての伝統を保持し続けて、そのまま公の行政単位に編成されていった。それが「俘囚郷」と呼ばれるものである。

かれらがこのように特異な伝統を残したのは、かれらに普通一般人に解消できない異質なものがあったからである。かれらは、ほんの数百人ぐらいでさわぎをおこしても、たちまち一国もしくは隣国まで含めての大騒動になった。たとえば、八四八年（嘉祥元）・八七五年（貞観一七）・八八三年（元慶七）などには、上総《かずさ》・下総《しもうさ》にそのような形での俘囚の反乱があった。八八三年の場合には、わずか三〇〇人の反乱であったのに、坂東諸国は一〇〇〇人の官兵を派遣して、ようやくこれを鎮定している。

こういう事情が、かれらをながく「内なる外国」世界にとどまらせたのであるが、そのことが逆にかれらの反乱を誘ったという意味あいもあったのである。

❖「奥六郡」

内国では、その下の郡のなかの、さらに下の村の一つとして「俘囚郷」というのがあった。東北では、陸奥国・出羽国そのものが「俘囚国」という性格のものであった。事実、陸奥国は「蝦夷国」とも呼ばれた。「道奥国」というのも、そういう「蝦夷国」という意味あいからきたことばであった。

その蝦夷国としての陸奥国のなかでも、平安時代において、せまく俘囚地帯として別世界をなしていたのが、「奥六郡」と呼ばれた地域であった。それは、郡を六つもつらねた「大俘囚

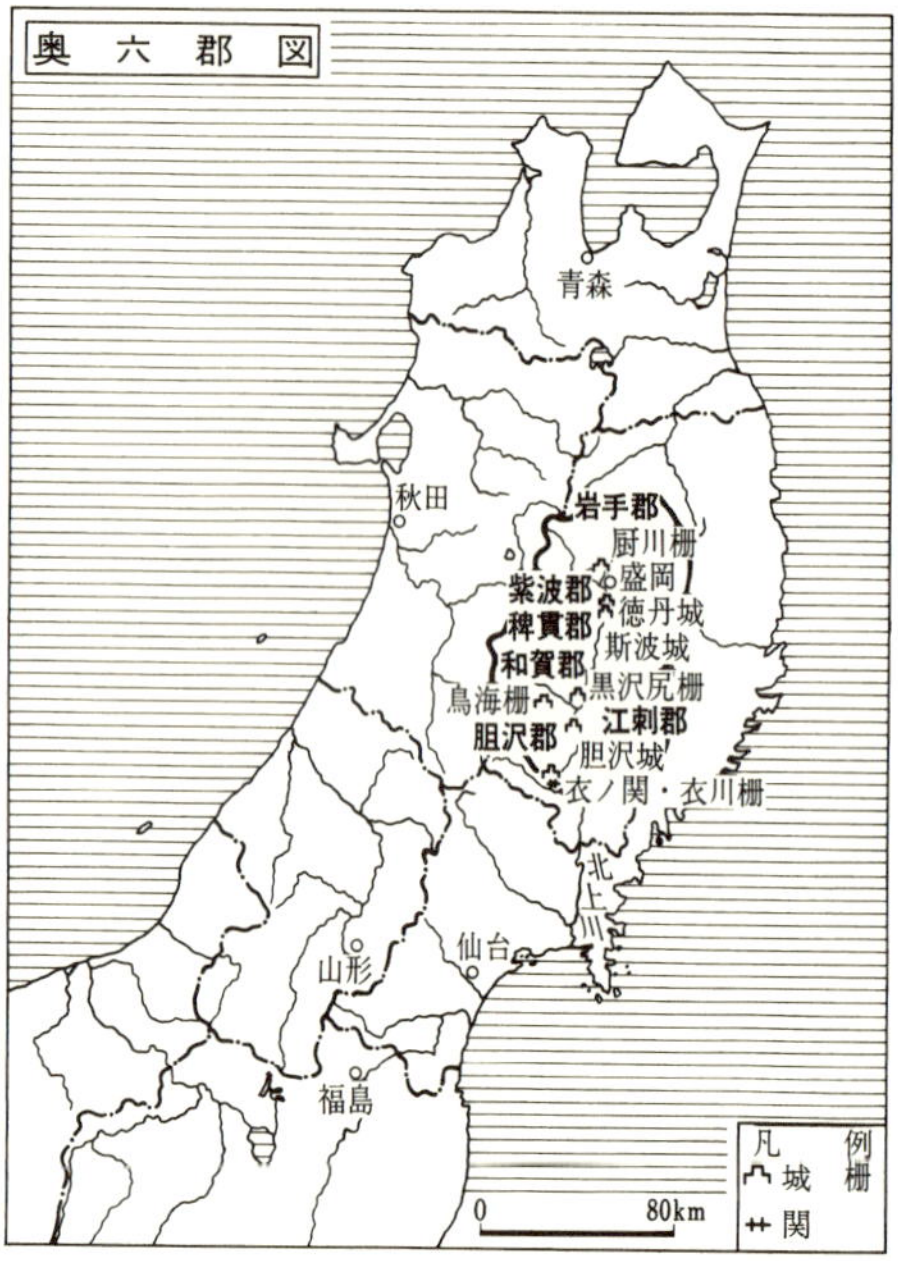

奥六郡図

郷」である。よその地域では、そのつどのさわぎ程度におさまっていたものも、この「大俘囚郷」では、国をひっくりかえすような大反乱の舞台になりえた。また事実、ここでは、そのように古代の転換をうながすような大乱が、相ついで組織されているのである。そのために、われわれは、陸奥国でも、特別にそのような俘囚の風土をなした「奥六郡」というところの特殊な歴史と地理とを知らなければならない。

「奥六郡」ということばは、『陸奥話記』にも『奥州後三年記』にも見えるが、どういうところをさすかについては、しるすところがない。その郡名がはじめて明らかになるのは、『吾妻鏡《あずまかがみ》』文治五年（一一八九）九月二三日条である。平泉をおとしいれ、敵将藤原泰衡の首級も手にした源頼朝は、厨川《くりやがわ》（盛岡市）から引きかえして鎌倉にもどる途中、平泉を巡見した。案内に立った豊前介実俊《ぶぜんのすけさねとし》という人が、「藤原清衡は、清原氏から奥六郡を伝領したのです」と説明したが、その注釈に「奥六郡」として「伊沢《いざわ》・和賀《わが》・江刺《えさし》・稗抜《ひえぬき》・志和《しわ》・岩井《いわい》」の六郡があげられている。もっとも、この郡名の数えかたは「北条本」という系統の『吾妻鏡』に見えるものである。しかしもう一つの「吉川本」というのには「岩井」は「岩手」となっている。ここは「吉川本」が正しい。その理由は、(1)伊沢・和賀・江刺・稗抜・志和と数えるのは、南から北への順序であるから、志和の次は岩手となるべきである。岩井は最南端であるから、伊沢の前にこなければならない。(2)このさきでも問題になるところであるが、伊沢(胆沢)と岩井(磐井)の間には衣川というのがあって、奥六郡とそれ以外の地帯との国境をなしていた。岩井までが奥六郡と一体をなすというのでは、磐井川を国境とすることができなくなる。

さて、この六郡は、北上川の上流地帯に一画をなす区域である。現在の地理でいうと、岩手県平泉中尊寺の北を限っている衣川から北、奥州・北上・花巻の諸市を経て、盛岡市の北、安倍氏の厨川柵あたりにまでいたる範囲である。北上川が、これら諸都市を、まるで串刺《くしざ》しするような形で、北から南へ貫流する。これら諸地域は、北上峡谷地帯として、おのずから一画をなし、山また山の山国岩手県においては、今日も唯一の大平野地帯としてのまとまりをなしている。

古代の政治は、この自然のまとまりに、支配のしくみも重ねたのである。鎮守府という大軍政府をここに設置し、一つらなりの「北上の国」を、政治的にも一つの行政単位として再編成したのである。それが「奥六郡」なのである。したがって、「奥六郡」の風土は、「北上の国」としての風土と「鎮守府統治の国」としての風土、の二つの読み重ねのうえに成立したものである。それなら、「奥六郡」の風土をはじめに定めた「北上の国」というのは、いったい、どういう成り立ちのものであったか。

❖日高見国

これらの地域は、古代以来、一つらなりの土地をなし、その広大と肥沃をうたわれてきたところである。『日本書紀』の景行天皇二七年条に「東夷のうちに日高見国がある。その国の人たちは、人となり勇みたけしい。蝦夷と呼ばれるのはこの人たちである。土地は肥えていてまことに広い。撃《う》って領土とすべきである」とあるのであるが、ここに「日高見国」とあるのは、現在の宮城県北から岩手県にかけての北上川流域で、胆沢の国を中心とする地帯と考えることができる。北上川はすなわちヒタカミ川で「日高見川」、日高見国は北上国だろうと解されるのである。もしそうだとすれば、それは蝦夷征討の最後の目標となった蝦夷の本拠であって、広大・肥沃の地であったことは明らかである。そこで、ほんとうにそういうことなのかどうか、すこし考証を加えておこう。

まず、七八九年（延暦八）、胆沢の地の蝦夷征討が敗戦に終わったときの責任を追及した詔

> 勅の一節に、鎮守副将軍の池田真枚《まひら》は、日上《ひかみ》の湊《みなと》で溺《おぼ》れる味方を助け救った功労によって、罪は許す。

とある。この「日上の湊」というのは「日高見湊」の略と考えられ、もちろん、北上川のことをさしたのである。この戦いは、四千の政府軍が北上川を渡り、河東に集結した現地軍と対戦して、完敗した戦いであった。

次に、この『続日本紀《しょくにほんぎ》』という正史が完成したときの延暦一六年（七九七）に、編者たちが天皇にさしあげた上表文には、こうある。

> 天皇の威光は日河の東に振《ふる》い、蝦夷もすっかり鳴りをひそめ、従来王化のおよばなかったところまで、王化はゆきわたった。

ここに「日河の東」とあるのも「北上川の東」をさしている。したがって「日河」は「日上」が「日高見」の略であったように、それをさらに「日」一字に

日高見神社（宮城県石巻市桃生町）

ちぢめて、「日高見川」のつもりで「日河」と書いたものであることは、明瞭である。

第三に、『延喜式』式内社、陸奥国桃生《ものう》郡六座のうちの一つに「日高見神社」というのがある。現在でも石巻市桃生《ものう》町には同名の神社があるが、これは北上川の河伯《かはく》（河神）をまつる神社であった。その証拠に、『三代実録』貞観元年（八五九）五月一八日条には、陸奥国日高見水神に従四位下を授けたとあって、日高見神が日高見河伯であることが知られるからである。いうまでもなく、桃生郡は北上川が大河となって流れるところであり、桃生城は、その「大河に跨《また》がり、峻嶺《しゅんれい》を凌《しの》いで」造成されている。

こうして、日高見国は北上川の名のもとづくところであって、その本拠は胆沢の地であった。延暦八年（七八九）の記事によれば、胆沢の地は、蝦夷の奥地で「水陸万頃《すいりくまんけい》」の地である、とされている。平泉から北の扇状台地は、前沢—水沢—金ヶ崎と続いて、まさしく千里の広がりを形成する。北上川は、磐井郡南端一関市狐禅寺《こぜんじ》というところで狭い峡谷にはいるためにネックをなして、大河の流れをせきとめて、胆沢の低湿地帯に、まんまんたる湖水のような遊水地を現出していた。「日上の湊」と呼ばれたのは、そのような北上中海《なかうみ》のことであった。それがつまり「水陸万頃」（水陸万里）なのであった。

ここには、すでに古墳時代中期、「角塚《つのづか》」と呼ばれる前方後円墳が築かれていた。それは埴《はに》輪《わ》もともなっている。宮城県の北部をとびこして、まったく例外をなす前方後円墳である。古くからこの土地が、文化的に中央の影響をうけて、蝦夷地に中央的な政治と文化をつくりあげつつあったところであることがわかる。その日高見国の最後に残った本拠が、桓武《かんむ》朝の胆沢の地であったと考えてよい。和我（和賀）とか子波《しわ》（斯波）とかいう方面も、その胆沢の大指導者、阿弖流為《あてるい》というものの支配のもとにあって、政府軍に抵抗していた。坂上田村麻呂の征討によって、その胆沢も和賀・斯波も、同時に政府支配下に編入された。

こうして、最後まで抵抗した日高見国の故地に、軍政下の特別自治区が設けられることになる。それが「奥六郡」の成立なのであった。

奥六郡の郡司職

❖鎮守府体制

胆沢以北の軍政、というのは、具体的には、胆沢城下の鎮守府支配をさす。八〇一年（延暦二〇）、胆沢征討で最後の勝利をおさめた政府は、翌八〇二年、坂上田村麻呂を現地に派遣して胆沢城を造らせた。おそらくこの城は、同年中にはほぼ完成した。田村麻呂は、八〇三年には、さらにその北に斯波城を造っている。斯波城は水害のため、八一二年（弘仁三）ごろ、そ

徳丹城址（岩手県紫波郡矢巾町）

のやや北に徳丹城《とくたんじょう》を造って、その役目をこれに移した。これによって、新附《しんぷ》の地は、胆沢から斯波まで、確実に南北二つの城の間に軍政区をなすことになったのである。

「鎮守府」というのは、陸奥国における蝦夷の経営・統治のために設置された軍政府である。はじめ多賀城に置かれたときは国府と並設され、その軍職も「守《かみ》」ないし「介《すけ》」およびその上級行政指導官だった「按察使《あぜち》」の兼任のことが多かったために、組織としては、国府や按察使府のものと兼用の状態にあった。胆沢城が置かれ、鎮守府がここに移されて、独立した行政府としての鎮守府体制がととのった。

「鎮守府」というのは、将軍は陸奥守に準じ、「軍監《ぐんけん》」という将官は国司の三等官の「掾《じょう》」に、軍曹《ぐんそう》という将校は国司の四等官の「目《さかん》」に、それぞれ準じた。その下に一般の事務官僚が配置されたから、それは「北の第二国府」という性格のものとなった。しかし、もともと、蝦夷の経営・

統治を第一任務とする軍政府であるところに、多賀国府とちがうところがあり、具体的には、多賀以北の城柵・軍団の防衛指揮、同地区における俘囚の鎮撫・統制、それに、奥地蝦夷への警備、などをその任務としていた。

平安時代もすすみ、俘囚の内民化が進行するにつれて、俘囚の向背が問題になる地帯は胆沢城周辺に限られてきた。坂上田村麻呂や文室綿麻呂《ふんやのわたまろ》らによって征服された岩手県から一部青森県にわたる蝦夷は、主としてこの胆沢－斯波（徳丹）両城間に定住せしめられた。「鎮守府」はこれら俘囚たちを管轄する軍政府という性格のものになってきた。よその国では国司の長官または次官が専任となった俘囚管理の責任も、陸奥国の場合は、おそらく鎮守将軍がその専当《せんとう》（専任）とされていた。このようにして平安時代の中期、一〇世紀なかごろからは、鎮守府行政というのは、はっきりと、奥六郡の俘囚政治というふうになっていったのである。

❖奥六郡国司権

胆沢以下の「奥六郡」というのは、古代史上、非常に特異な意味をもったところである。それはまず第一に、古代国家が責任ある地方行政を実施した地帯としては、北限をなしたところである。したがって、古代政治と蝦夷勢力の境い目にあって、古代の辺境＝フロンティアとしての緊張を持続した。平安末期まで、ここでは国家をつくる仕事が続けられていたのである。

第二に、鎮守府と呼ばれる特別軍政府がこの辺境に設置されたことである。地方に設けられた国府級の軍政府というのは、前にも後にもこれしかない。そのような正規の大政庁が、「奥六郡」と呼ばれる特別区域を、せまくその固有の行政区域とするような慣習が生じて、それがおのずから一種の「俘囚国」の実をもつようになった。古代では、二郡で一国をたてることができるきまりになっている。六郡もあれば、りっぱに一国を組織できる広さなのである。

第三に、そして当面、われわれにとってもっとも重要な点は、この地帯の「俘囚の長」が、それら諸郡の郡司を兼ねるような形で、この地区の実質支配の全権を手に入れてしまった、ということである。鎮守府の固有領域が「奥六郡」であったとすれば、その全領域の実権を掌握したものは、事実上の「奥六郡国司権」の行使者ということになる。それが「俘囚長」というような蝦夷の首領あがりの者の手に落ちたということになれば、それは「俘囚の国家」の成立という意味あいのものになろう。古代国家にとっては一大事である。日本古代史にとっても危機的なできごとということになるのである。

「俘囚長」というものが、俘囚のなかから有能な者を選んで任命するたてまえのものであったことは、すでに紹介しておいた。したがって、ここで特異なのは、その「俘囚長」がいくつもの郡司を兼ねるようになっていたことにある。

古代の制度では「郡司」というのは、地もとの譜第名望家《ふだいめいぼうか》、つまり古い家がらの名門から選任するならわしであった。俘囚が住民の主要部を構成するような地帯では、俘囚の名望家、つまり「俘囚長」のようなものが「郡司」になっても、それは、制度によるものであった。事実、奈良・平安時代の辺境では、たとえば今日の宮城県の北部に当たる遠田郡・栗原市などにおいては、蝦夷あがりの首領が「郡司」になっていたのである。

しかし、そのような場合でも、郡司を連合したような形をとるようなことはなかった。まして、よその地域においては、そのようなことは考えることもできない。そこに、奥六郡の特異な問題がある。「奥六郡の司」安倍氏は、小さいけれども、しかしまったく新しい歴史を北方につくりはじめていた。その新旧二つの政治意志の衝突が「前九年の役」なのである。

前九年の役

白符と赤符

❖二つの正義

「前九年の役」が起こって、現地側安倍の軍勢と、源氏の政府軍とが、相討時《たいじ》していたときのことである。安倍氏の側のもっとも有力な部将の一人、藤原経清は、大胆不敵にも、政府軍治下に数百の兵士を送りこんで、国庫に納入すべき官物を、力づくで徴発させた。そのとき、経清は部下に、こう命じたのである。

白符を用うべし、赤符を用うべからず。

もっとも、そういわれただけでは、意味もよくわからないであろうというので、『陸奥話紀』は、こういうふうに解説を加えている。

「白符」というのは、経清が私に発行するところの徴税書のことである。これには捺印しない。だから「白符」（捺印なしの徴符）というのである。これに対して、「赤符」というのは、国が公に発行する徴税書のことである。これには国印が赤字で捺《お》してある。だから「赤符」というのである。

こう説明されてみると、よくその意味がわかる。すなわち、「白符を用いよ、赤符を用いるな。」というのは、単なる物の奪いあいの問題ではない。政府の権威に挑戦する土豪の権威、そういった政治の戦いが、このことばによって宣言されているのである。

これは、まことに重大なできごとであった。これから百年ほど前、平将門《たいらのまさかど》という人が関東地方によって反乱を起こし、新しい天皇になるのだと主張したことがあった。一時、天下がひっくりかえるほどの大さわぎになったのであるが、考えてみれば、これにはそれなりに、もっともな理由もあった。将門は「自分も桓武天皇の子孫である。日本の半分ぐらい支配したところで、なにもそうおかしくはない身分だ」と言った。何分《なんぶ》かの理にはなっている。

しかし、辺境の蝦夷の世界からは、そのような「正義の主張」がなされたことはない。この地には、「暴力」はあっても「正義」はないとされていた。道奥・蝦夷、というのは、そういう考えかたを示していた。安倍氏がいま主張しているのは、単なる物とりの戦いではない。蝦夷世界の正義を、政治の問題として主張しているのである。

そこに、この「白符と赤符の戦い」のもつ歴史上の意味がある。これまで、一方的に征服し支配してきた中央が、いまここでそれをせきとめ、おしかえそうとする辺境の政治に直面している。しかも、それは、源氏の総帥源頼義の威福をもってしても、制することができないほど、強力なものであった。東北にはじめて成立した政治が、その独立を求めてはげしく中央に抵抗する姿が、そこにはあるのである。

❖安倍氏の系図

安倍氏が一一世紀の半ば、奥六郡によって反乱をひきおこすときの当主は、安倍頼良《よりよし》といった。かれは、のちに国司源頼義と名まえの読みが同じなのをはばかって「頼時」と改名した。『陸奥話記』という本は、前九年の役関係の戦記物としては、非常に信憑性《しんぴょうせい》の高いものであるが、それによると、頼良の父は忠良といい、祖父は忠頼といった、とある。祖父忠頼のときに、すでに「東夷の酋長」であって、六郡に横行して、村落みなこれに服属する、という勢力を、もう確立していた。「税金は納めない、労役にも服さない、しかしその横暴をだれも制しえない」。そういう絶対の支配者になっていたのである。そのような六郡総支配者としての地位が、頼良のころには「奥六郡の司《つかさ》」というふうに呼ばれていた。

さて、その安倍氏がどのような家がらであったかについては、正確なことはわからない。

『続群書類従』第七の上は系図部であって、これには、藤崎系図・安藤系図というのがおさめられている。藤崎氏・安藤氏はひとしく安倍氏の子孫と称し、ともに本州最北の津軽の豪族であった。しかし、これらの系図は、どちらも室町時代になってからの成立である。そして一読明瞭なように、これら豪族の安倍氏とのつながりは、東北の土豪の家がらとして、その家門を飾るために、古代の名族、安倍氏とのつながりをつくり出したものである。安倍氏の子孫がどうなったかも正史では不明なのに、ここでは手にとるようにわかることになっている。

そのような事情であるから、借り物である安倍氏そのものの出身や家がらについて、これらの系図が、そう権威ある伝えを残しうるはずもないのであるが、現在は、それ以外のものがないので、いちおう、それを紹介しておく。

まず、安藤系図によると、安倍氏は、大彦命・武渟川別命《たけぬなかわわけのみこと》父子の子孫ということになっている。この親子は、崇神《すじん》天皇のとき、北陸と東国の蝦夷征討に手がらのあった将軍として有名であり、北国・東国の武門として名のある阿倍氏は、その子孫とされている。七世紀半ばに、秋田・津軽の日本海岸を遠征し、北海道まで進んだといわれる阿倍比羅夫《あべのひらふ》や、奈良末期の出羽方面の鎮狄将軍であった安倍家麻呂というようなアベ姓の将軍は、みなその先祖とされる。そして、家麻呂―富麻呂―宅良―隣《すけ》良―忠良―頼良と続いてきたことになっているのである。

これに対して、藤崎系図というのでは、神武天皇東征にあたり、征討された長髄彦《ながすねひこ》の兄安日《あび》王の子孫、ということになっている。系図では明確でないが、新井白石が『藩翰譜《はんかんふ》』というので補説するところによると、安日は津軽安東浦に流された。その子孫安東《やすはる》というものが、蝦夷征討に功があり、安倍の姓を賜わった。致東《むねはる》・国東《くにはる》という人たちも、そののち蝦夷征討に功があった。国東の子が頻良《しげよし》、その子が頼良、ということになっている。

どちらも創作系図なのだから、正確には、どれを信じどれは信じない、という性質のものではない。しかし、どちらかというと、藤崎系図のように、本来は土豪の家がらだったものが、のちに安倍姓を賜わった、もしくは自称した、という伝えのほうがよさそうに思われる。たしかに安倍（阿倍）姓の人が、かなり古くから蝦夷征討に関係しているし、国司その他で下向してきているものもあるが、かれらがそのまま土着して任地の豪族になるということは、律令時代のこととしてはありえないのである。したがって、この安倍姓が本来のものだとすると、一〇・一一世紀ごろになって土着するようになったものとすべきであろうが、のちの藤原氏などとちがって、それらしい伝えがまったくない。名のりもいかにもつくられたものという感じのものばかりである。そのようなことから、安倍氏については、のちになって、この姓を与えられたか、もしくはそう自称したか、のどちらかであったろうと考えるのである。

❖ 知行郡司制

安倍氏がどのような出身の家がらかは、こうして皆目《かいもく》見当がつかない。ただ確かなことは、一一世紀半ば、頼時が反乱を起こす数代前から、「六箇郡の司」を称する「俘囚長」の家がらであった、ということである。俘囚長のいわれなり性格なりは、ひととおり明らかになったのであるが、「六箇郡の司」なるものがどのようなものであったか。それが、もし「六郡連合郡司権」のようなものであったとすると、どのようにして、そのようなものを獲得することができたか。これは大きな疑問でなければならない。

これを考える確かな手がかりはない。しかし、これは、並行して成立しつつあった「知行国制」類似の制度を、辺境の郡政支配におし及ぼした「知行郡司制」様《よう》のものとして成立した、と理解すべきものと思われる。知行国は、もと、上皇（院）・女院（宮）などのための分国として、特定の国の知行（官人支配権）を与える制度からはじまり、公卿・寺社などにも広く拡大していった。知行国主は、その一族・近親・側近などを国司に奏請してその政務を行ない、収益をおさめる。「成功《じょうごう》」のように、財物を納めてその国司に任ぜられるものもあった。遙任《ようにん》制が一般化して、国司が任地に下向しなくなると、このような「成功」によって、実力者・分《ぶ》限者《げんしゃ》がその官職を買い取る売官・売爵の風は、普通のことになった。その辺境版として、奥六

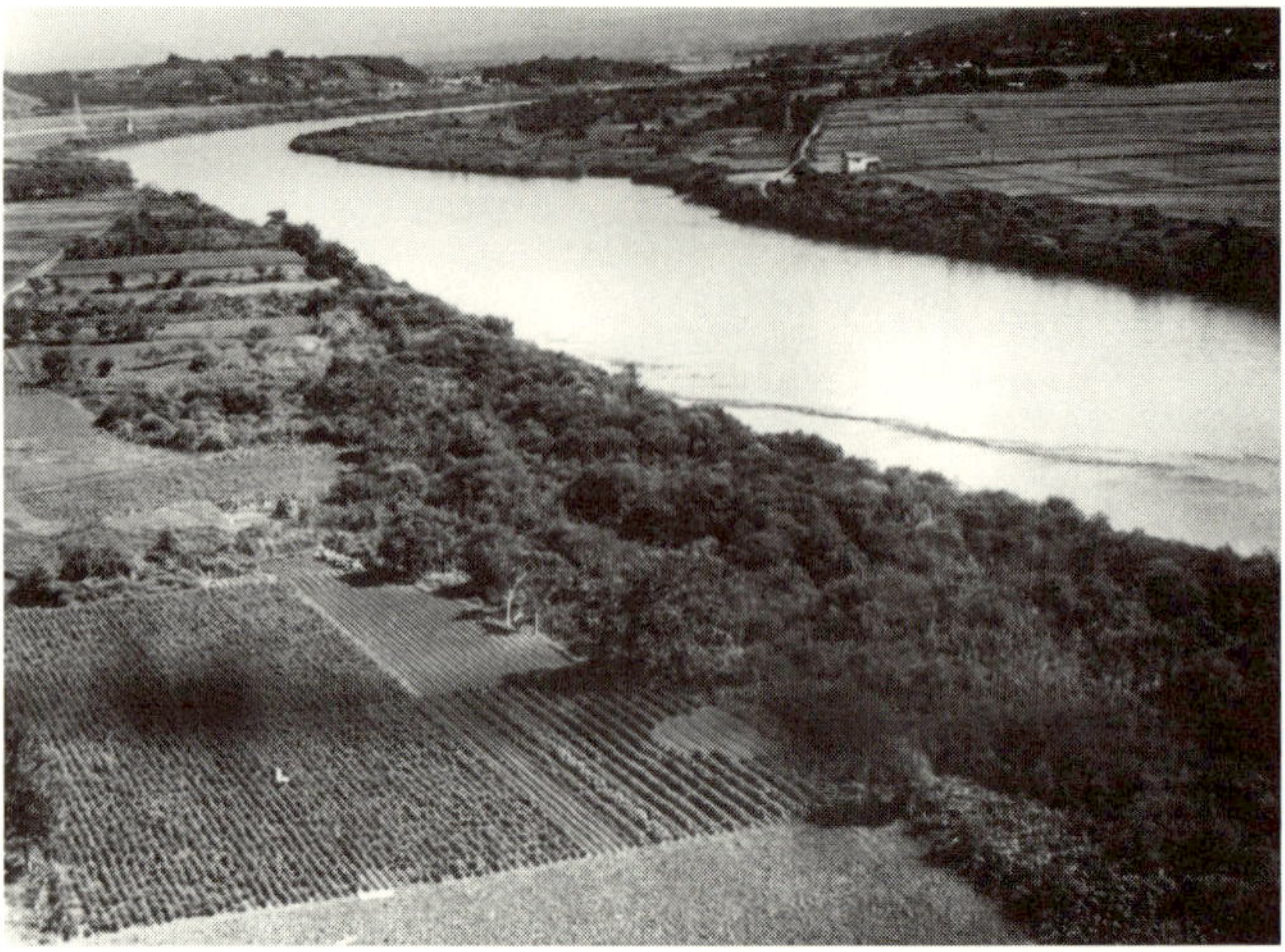

衣川の古戦場（岩手県西磐井郡平泉町、1970年ころ）

郡連合郡司権ないし奥六郡総郡司職のようなものが成立した——わたくしは、そう理解しているのである。

その過程は、おそらく次のようなものであった。まず、すくなくとも、胆沢郡・江刺郡のような正規の郡では、正式に郡司が任命されていた。和賀・稗縫・斯波諸郡でも、九世紀から一〇世紀のなかごろまでは、だいたいそうであったと思われる。ところが、鎮守府将官の遙任制がはっきりするようになってくると、俘囚地帯としての六郡に対する俘囚長支配が、鎮守府行政の名のもとに各郡単位の郡司支配に優越し、これを指導するようになる。こうして、鎮守府在庁《ざいちょう》第一席としての俘囚長が、鎮守府や国府に対する「成功」によって、六郡郡司任命権（奏請権）を買い取って、その近親・一族等をこれに配するようになるか、もしくは、郡司相当の行政支配権を、館の軍政支配に移行・改組してしまう。そのようにして、六郡全体に対する郡司権を、総合郡司職のように統合した「知行郡主」といったような性格のものが、いわゆる「六箇郡の司」の地位であったと考えられるのである。安倍氏はそのようにして、一〇世紀末ないし一一世紀初めごろには、六郡の各地に、その近親・一族などを配し、ちょうどのちの大庄司季春《すえはる》（藤原基衡の第一の郎等）のように、郡司に地頭を兼ねたような支配を張りめぐらしていた。

「前九年の役」に立ち上がるときの安倍氏の権力というのは、そんなふうにして組織されるにいたったものである。

❖衣川の外へ

さて、そのような俘囚長権力と奥六郡総郡司権とをひっさげて、安倍頼良は、一一世紀半ばの歴史に立ち現われる。かれは、多くの子に恵まれていた。かれらはそれぞれに、その総郡司権を分担せしめられていた。嫡男《ちゃくなん》貞任は岩手郡厨川柵に、三郎宗任は胆沢郡鳥海柵に、五郎正任は和賀郡黒沢尻柵に、というふうに。そして安倍の本拠は胆沢の最南端衣川館に置かれていた。

こうなると、もう奥六郡にはおさまらなくなる。本拠が胆沢の南端にあるとなれば、それは、南に備えた、というよりも、むしろ南に向けての構え、というふうに考えるべきである。すなわち、安倍氏は、その基地の配置から考えても、今や奥六郡からさらに南へおし出す構えの権力に成長してきているといわなければならない。そのことは『陸奥話記』が指摘している。

威風大《おお》いに振《ふる》い、村落皆服す。六郡に横行し、人民を劫略《こうりゃく》す。子孫もっとも滋蔓《じまん》し、漸《よう》く衣川の外に出ず。賦貢《ふこう》を輸《ゆ》せず、徭役《ようえき》を勤《つと》むるなし。代々驕奢《きょうしゃ》、誰人もあえて之《これ》を制すること能わず。

ここで注意しなければならないのは「漸く衣川の外に出ず」、とあることである。「衣川」というのは、今日、平泉中尊寺の山の北麓を洗って東流し、北上川に落ちこむ小さな川である。しかし、古代においては、南奥州と中奥州とを境する重要な国境の川であった。桓武天皇の七八九年(延暦八)、胆沢の征討をするときには、この衣川のほとりに「衣川営」と呼ばれる野営陣地を構築して、攻撃の基地とした。胆沢の攻略が成り、胆沢城が築かれ、鎮守府をここに置くようになってからは、その南の関門として、衣川関がここに設けられるようになった。そして、磐井郡と胆沢郡とは、この川で境いされていた。

胆沢郡までが奥六郡である。衣川から南は磐井郡で、そこから南は国府の直轄支配下にある。「ようやく衣川の外に出ず」というのは、こうしてみると、ただ「川のこちら側からあちら側へ越える」というようなことをさすのではない。それは、「越ゆべからざる国境を越え、歴史のタブーがいま破られる」という一つの危機の到来を告げる事実であったのである。しかも、それは、まるで、時のきしりのように、なんぴとといえども阻止《そし》できないあふれようであった。

『陸奥話記』がいっている。「誰人も敢《あえ》て之を制すること能《あた》わず」。

こうして「白符と赤符」の戦いは、その衣川を越えたところで開始されるのである。

大戦はじまる

❖前九年ということ

安倍氏がひきおこした戦争のことを、ふつう「前九年の役」という。しかし、これは事実に照らしてみてあわない。というのは、この戦いは、一〇五一年〈永承六〉から一〇六二年〈康平五〉まで、一二年間にわたっているからである。そこで、古くこの戦いは、「奥州十二年の合戦」と呼ばれたのである。

それなら、なぜ、「前九年の役」といわれるようになったのか。これについては、これまでもいろいろな説があったのを、大森金五郎氏『武家時代之研究』第一巻が、よくまとめて紹介しているので、それをさらに要約しながら解説しておこう。

この戦争も、その残敵掃討戦まで含めると一三年にわたる。現に、征討将軍の源頼義などは、そういっている。しかし、休戦の三年を除くと九年である。また、一度おさまって再発してか

「前九年の役合戦」絵巻（東京国立博物館蔵）
Image: TNM Image Archives

ら数えると、七年ないし八年ぐらいになる。

　ところで、他方、この戦争ののちに清原氏の戦争も起こる。鎌倉時代もだいぶ進んで、戦記文学などが、これらの両度の合戦についてふれるさいには、それら一連の非常に似かよった性質の二つの合戦を、あわせて「奥州十二年の合戦」というふうに考えたのではないか。そして、最初の、正味七〜八年から九年は続いた安倍合戦を、およそのところで「前九年の役」と呼び、のちの清原合戦は「後三年の役」というふうに、呼び分けたものであったろう——

　およそ、そういった理解である。そのような理解がどれだけ正しく、どういう点で適当でないかということについては、以下、その経過を具体的にあとづけてみることによって、明らかになるであろう。

❖鬼切部の会戦

「前九年の役」を扱ったものは、いくつかあるが、その全体を扱ったものとしては『陸奥話記』以上のものはない。『陸奥話記』は『陸奥物語』ともいう。いわゆる戦記物ないし軍記物の一種であるが、『将門記』などと同じように、この乱の直後、これに直接かかわる史料をもとに、戦争体験者の見聞なども参照して書かれていて、第一等史料といえるものである。そこで、これによって、その経過を順を追ってたどってみよう。

この戦闘は、非常に長い期間にわたる。したがって、いくつかの段階があり、戦闘の性格もそれぞれに異なってきている。それらにも注意しながら、その経過をみることにする。

その第一段階は、奥六郡の支配権が、衣川の国境を越えて政府領内に浸透してきたのを排除しようとして、政府軍がこれに戦いをいどんで敗北する段階で、「鬼切部《おにきりべ》の会戦」を頂点とする。

すでに述べたように、安倍氏は、忠頼・忠良の時代から東夷の俘囚長の家がらとして、北上川上流地域の奥六郡の絶対の支配権を確立し、この地域に関する限り、租税も納めない、労役にも服さないという独裁体制をかためていた。その俘囚長の地位が「奥六郡の司」と呼ばれるものであった。

多賀城跡（宮城県多賀城市高崎）

この支配権は、多賀国府からも、事実上公認されていた。戦前も、また戦中の休戦状態の時でも、国府側がこの奥六郡支配権に制限を加えようとした気配は認められないからである。戦端は、安倍氏が衣川を越えて、その支配権をさらにその南、磐井郡方面にも拡大するにいたって、開かれるのである。

永承のころ、というと平安時代も後期になって、一一世紀の半ばである。陸奥守藤原登任《なりとう》は、出羽国秋田城介（秋田城鎮守の出羽国司）平重成とともに、数千の官兵を発して、これを攻めた。安倍頼良は、部下の俘囚をひきいて、これを迎え討ち、鬼切部の会戦にこれを撃破したのである。鬼切部は、鬼首《おにこうべ》のことで、宮城県大崎市鳴子温泉鬼首に相当する。とすると、安倍氏の前線は、胆沢郡から磐井郡を経て、栗原郡をも越えてさらに南、玉造郡までのびていたことになる。安倍氏は、俘囚長として、奥六郡の俘囚に対してはもとより、さらにその奥の糠部《ぬかのぶ》方面、つまり今日の岩手県北部・青森県東部方面に住む俘囚や蝦夷に対しても委任統治権を行使していたから、それがさらに宮城県北諸郡にもおよぶとなると、それは、陸奥の北半を占める大勢力である。もう黙止することはできなかった。

ところで、その鬼切部の位置は、陸奥国と出羽国北部とを結ぶ交通の要衝である。荒雄川《あらお》（江合川《えあい》）という宮城北部の大河をさかのぼって、仙秋ラインと呼ばれる道路が、今日でも宮城県と秋田県を結ぶ幹線となっている。秋田城介の平重成は、おそらく秋田城・雄勝城などの秋田県方面の兵士をひきつれ、この道を雄勝郡から南下して、陸奥国府軍に合流しようとした。安倍頼良は、その奥羽同盟軍が合流しようとするところを討って大勝したのである。このとき、重成が先鋒、登任は後詰《ごづめ》であったとある。とすると、太守はおそらく、玉造柵というのを本拠としていたのである。この城は、多賀城の北では、鎮守府胆沢城とともに、長く重きをなした城である。今日の宮城県大崎市東大崎の位置と考えられる。

❖源氏の平和

鬼切部の戦いでは、死者多数を出して、政府軍が大敗した。そこで、朝廷では、将帥の器としての誉《ほま》れの高かった源頼義を追討将軍に起用することにした。頼義は、父頼信が一〇三一年（長元四）、上総国に「平忠常の乱」を平定するときにも、その陣中にあって、父子ともに武勇の名が高かった。相模守として坂東に下ったときには、威風がよく行なわれ、「会坂《おうさか》(逢坂関)以東の弓馬の士は大半門客となり、不逞《ふてい》のやからも、まるで奴隷のようにその命を奉じた」といわれる。

朝廷では、一〇五一年(永承六)、頼義を陸奥守に任じてこれを征討させ、さらに一〇五三年(天喜元)には鎮守府将軍に兼任した。ところが、頼義が着任して事に当たろうとしたとき、たまたま大赦令が出た。かねて、頼義の威望におそれていた頼良は、国守と同じ名であるのをはばかって頼時と改名、身を粉《こな》にして頼義に仕えたので、国内はまったく平静に帰し、一任五年の任期は無事に終わろうとした。頼義はその任期満了の年、鎮守府将軍として、鎮守府政務を見ようとして、鎮守府胆沢城に下り、数十日滞在した。鎮守府管内こそは、頼時の本国である。頼義にしてみれば、頼時の服属が本心に出たものであるかどうか、それを見きわめるための、いわば「城下の誓い」をさせる儀礼のための入城であったろう。

頼時は「首を傾けて給仕した。駿馬・金宝のたぐいは、ことごとく将軍に献じた。従者たちもていねいにもてなした」。頼義は、頼時の誠意を認めて、国府への帰途についた。源氏の威望のもとに、頼時も屈服し、平和が回復された、というのが、第二段なのである。

ここで注意されることは、まず第一に、頼義が陸奥国に下り、さらに鎮守府まで下向しても、安倍の支配・領土にいささかの変更も加えようとしていないことである。もちろん、大赦にあって、その罪が許されたということが根底にあるだろう。しかし、あれだけの公然たる反乱を行なった者に、いかなる形での処分・譴責《けんせき》もまったく認められないのは、こと、奥六郡に関する限り、安倍氏の支配は自明のものと考える慣行が確立していたからであろう。

第二に、安倍氏は、この段階で、しんけんに和平の実現を考えていた、ということである。改名は、当時としては、国司の権威を公けに認める声明にも相当する。「身を委し」「首を傾け」ての服仕、というのも、その全面降伏の姿勢を物語るものである。

第三に、奥六郡の軍事力の基礎をなしたものとして、馬と金があげられていることである。誠心誠意の奉仕ということが、駿馬・金宝の貢献、ということで示されているのであるから、安倍氏の主要な経済力が、馬と金で構成されていたことがわかる。これが、のちに藤原氏の経済力をつちかうもといをなすのである。

❖関を封ず

頼義の威望のもとの平和も、束《つか》の間《ま》に破れ去った。第三段階は、安倍氏が衣川関を閉《と》じて、全面抗戦に立ち上がる段階である。ことは一見、ささいな誤解から生じた。しかし、そのもとづく根もとを洗ってみると、埋め合わせることのできない二つの世界の相互不信から、すべてが出ていることを知るのである。

安倍には「城下の誓い」をさせた、追討使の使命はこれで終わった——頼義の一行は、意気揚々と鎮守府をたち、国府多賀城に向かった。一行が「阿久利川」で夜営していたときのことである。陸奥権守《ごんのかみ》藤原説貞《ときさだ》の子、光貞・元貞らの営舎で、人馬の殺傷事件が起きた。頼義は光貞を呼んで、容疑者についてきいた。光貞の答え——

頼時の長男貞任が、先年、光貞の妹を妻にと、申し入れてきたことがある。しかし、家がら賤《いや》しいので、許さなかった。貞任はそれを深く恥じうらんでいた。どうもその貞任のしわざであろう。そのほかに他人のうらみを買うおぼえはない。

頼義は怒って、貞任を呼んでこれを処断しようとした。事態は急迫してきた。

頼時は、緊急親族会議を開き、決意のほどを披瀝《ひれき》した。

人間が世の中にあるのは、妻子を思ってのことである。貞任は愚か者でも、父子の愛には変わりがない。貞任が誅《ちゅう》に伏するのは父として忍びがたい。こうなれば、衣川関を閉じて、太守の命を聴《き》かないことにするよりほかない。もし来攻しても、味方がこれを守り戦うに、なんの心配するところがあろう。万一、戦い利あらず戦死しても、それでよいではないか。

衆議はたちまち一決した。安倍勢は衣川関を封鎖して、抵抗に立ち上がった。衣川関は「一丸泥（一にぎりの泥玉）を以《もっ》て封ずれば、あえて破る者なし」といわれた険阻《けんそ》な関門である。ここを閉じることによって、鎮守府は完全に賊の手中に落ちた。

このとき、頼時の聟《むこ》の藤原経清・平永衡らは、頼時にそむいて、頼義に従軍していた。そのとき、永衡は銀のかぶとを着用していた。人は永衡について、こう中傷した。

永衡は、前司藤原登任の郎従として下向し、厚く遇せられて一郡を支配する身分となったのに、頼時の娘をめとり、登任にそむいて、合戦のときも、旧主に従わなかった。今は将軍に従っているようでも、かげでは頼時に通じているかもしれない。銀のかぶとは、いくさになっても安倍の側から射かけられないためのしるしであろう。

頼義はこの言を信じ、永衡およびその腹心四人を即座に斬った。経清は動揺した。このままでは、いつ同じ運命が自分を見舞うかわからない。経清は離反を決意した。そして、「頼時が軽装の別隊をもって、間道を国府に急行させ、将軍らの妻子をとりごにしようとしている」と、流言をとばした。頼義らは、まんまと策にかかり、数千の部下をまとめて、急いで、多賀国府に馳《は》せ帰った。そのあとの追討は、気仙《けせん》郡司金為時《こんのためとき》らに命じた。頼時は弟の僧良昭らにこれを防がせた。為時は有利に戦いをすすめたが、後援がなかったため、一戦したままで退いた。経清は、その間に私兵八〇〇人をひきいて、頼時のもとに走った。

ここでまず問題になるのは、胆沢城を出た頼義たちが夜営した阿久利川とは、どこかということである。これは従来、漠然と一関市内の磐井川と考えられていた。しかし、その理由は不明であった。最近、宮城県栗原市内の郷土史家の間で、これを同市内の迫川《はざま》にあてる考えがあ

胆沢城跡（岩手県奥州市水沢区）

る。それによれば、「阿久利」をアクリと読むのが誤りで、これはアクトで、「阿久戸」である。迫川流域には、今日も阿久戸の地名がある、というのである。もっとも、阿久戸の地名は胆沢城下にもあるので、こちらにあてようとする人も奥州市在住の郷土史家にはある。しかし、胆沢城を発して、多賀城に向かった一行が宿営するところが、当の胆沢城下ということはありえないから、阿久利は阿久戸でも、それは、胆沢城からは南で、多賀城にかなりよったところ、である必要があるので、奥州市付近の阿久戸になる見こみはないのである。

アクトというのは、河水の蛇行によってできる遊水の湿原地をさすのである。したがって、大河の流域には随所に形成される。ただ、それにしても、河川の名まえそのものがアクト川となるためには、その流域一帯が遊水地帯を形成しているのでなければならない。胆沢城以南、それにあたるものとしては、まず第一に磐井川、第二に迫川をあげるのは順当であろう。そのために、従来、磐井川をもって、それにあてて考えていたのである。磐井川は川口が、北上川のネックの狐禅寺《こぜんじ》に近く、したがって川全体アクト川の様相を呈していたろうことは疑いない。しかし、古代の官道は、ずっと上流の厳美渓《げんびけい》方面を通ったから、この川をアクト川としてとらえるような事情にはなかったと思われる。それに『陸奥話記』では磐井川は「磐井川」と明記されているから、一か所だけ阿久利川というように別な形で書かれたとは考えられない。また、胆沢城を発した一行の宿営地としては、あまりに近い。奈良時代には、鎮守将軍大野東人は、宮城県賀美郡から山形県尾花沢市まで五五キロほどを一日で踏破している。平泉の役には頼朝も宮城県栗原市の南端あたりから平泉まで約五〇キロを一日で行軍している。だから胆沢城を出た頼義一行が宿営した阿久利川＝阿久戸川というのを、栗原市三迫川―迫川あたりの地点と考えるのは、ほぼまちがいないであろう。

❖谷間の武士道

藤原経清というのは、のちの清衡の父である。亘理《わたり》権守・亘理権大夫などと呼ばれているから、前の陸奥守藤原登任のもとでは、次席国司か、これに準ずる国衙《こくが》の高級官僚のひとりであった。そして、土着して宮城県南の亘理郡あたりを領していたものであろう。しかし、その在地の領主制を固めるためには、斜陽の国衙権力だけでは実質がともなわなかった。安倍頼時の聟となってテコ入れしてもらい、はじめて一人前のものにすることができた。これは、すでに安倍氏が単なる奥六郡の支配者であるばかりでなく、陸奥国全体にわたる勢力を扶植《ふしょく》していたことを示している。権威は公権により、権力は土豪に仰ぐ、という二足わらじのむずかしい使い分けを、経清はしいられている。そのどちらによるかは、上からする権威と下からする権力のバランスか、どちらに傾くかによって決まる。登任のような名まえだけの権威に対しては、頼時のような中味のある権力のほうが、はるかに有利である。しかし、頼義のように、ばりっとした権威のもとでは、頼時のような事実上の権力は、うっかりすると取りつぶしにあうおそれがある。そうなれば、手の平《ひら》を返すように、また官人経清に立ちもどり、国守への忠誠を誓う。

綱渡りのような処世術である。しかし、ここに現にある武士道は、そのようなきびしい現実の谷間にあるのであって、一つの観念から割り出されたようなモラルなどは存在しない。現実の谷間をどう泳ぎ、どう切り抜けて自分を生かしふやしてゆくか。正義は、そういう存在《ザイン》としてあった。当時の武士は、おおまかにいえば、みなこのような瀬戸ぎわに立たされて、そのつどの正義を選択し、決断していたのである。経清は、そのような「谷間の正義」をみごとに渡り続けたひとりであった。

相聟《むこ》の平永衡というのも、かれとまったく同じ「谷間の正義」を模索し続けた武士であった。伊具《いぐ》十郎、と呼ばれているところからすれば、かれもまた経清と同じように、宮城県南の伊具郡に所領をえていたのであろう。伊具は亘理と相隣る。かれもまた頼時の聟となって、前司登任から離れ、いま羽振りのよい頼義が国守として下向すると、またそのもとへ鞍《くら》がえする。その点でも経清とまったく同じである。

とすれば、その永衡が疑われて殺された理由は、そのまま経清を殺す理由にもなる。経清がとっさに決断し、奇計をもって国司軍を後退させ、すかさず、軍を返して頼時に走ったのは、かれの明敏を証するものである。

❖頼時の死

一〇五六年（天喜四）で、頼義の国司の任期は切れた。朝廷はかってに良綱という者を陸奥守に発令した。しかし、現地は動乱のまっ最中である。長袖の貴族などに勤まる時勢ではない。朝廷では良綱を兵部大輔に転任させ、頼義を陸奥守に再任し、あらためて頼時追討の宣旨を下した。そのような事情で、戦いは翌年にもちこされた。

頼義は、緒戦に抜群の戦果をあげた気仙郡司金為時や下毛野興重らをして、奥地の俘囚らに、じょうずに話をもちかけ、官軍に味方させた。鉋屋《かなや》・仁土呂志《にとろし》・宇曾利《うそり》三郡の蝦夷は、安倍富忠にひきいられて兵をあげた。頼時はみずからおもむいてこれを思いとどまらせようとして出向いたところ、伏兵にあって、流れ矢にあたり、胆沢郡の鳥海柵までもどったが、ついに、ここで死んだ。事態は重大な局面を迎えた。これが第四段階である。

絶屋・仁土呂志はどこか不明であるが、宇曾利は、恐山《おそれざん》のある下北地方の古名であることからいって、岩手県北部から青森県東部にかけての蝦夷村であろう。岩手郡内、現在の盛岡市に鉇屋《なたや》というところがあるが、ここは安倍氏の領内で、貞任が厨川柵に拠《よ》って統治していた内側にあたるから、ここの鉇屋ではありえない。ここからさらに北か、もしくは閉伊《へい》方面にあたるであろう。

その方面の首領も安倍姓であること、頼時がそれを聞いて、わずか二〇〇〇人の手勢をひきい、利害を説いてこれを翻意させようとしていること、からすれば、安倍氏の支配は、この方面にも確実におよび、安倍の一族の者が、その属領統治に当たっていたと考えてよい。

頼時は、このわきかえるような反乱のまっただなかに、ほとんど単身でのりこんだ。かれは、信を敵の腹中に置く交渉で、いっきょに局面を転回させようとした。しかし、頼義側の手がひと足先に巧妙にまわっていて、頼時のこのハラ芸は通ぜず、かれはみすみす敵の術中におちいった形になって、ついに敗死した。

『陸奥話記』に現われた安倍頼時という人物は、進むを知り退くを知り、しかも信義にあつい性格である。衣川を越えて怒濤のように南下し、国司軍を木っ葉《こっぱ》みじんに破った頼時は、凡将であったら、勝に乗じて多賀城を目ざし、頼義の東下に対しても、騎虎《きこ》の勢いで突《つ》っかかるところである。しかし、その頼時は、緒戦のあの大勝にもかかわらず、頼義の精鋭をすぐっての正攻法に対しては、すばやく退却を決意した。そして、奥六郡の本領には、指一本もささせぬ光栄ある独立を確保したのである。

しかし、その子貞任があらぬ嫌疑で処刑されようとしたときの頼時の決断もまた早かった。かれは、安倍の光栄ある独立のために、進みもし、退きもした。その栄誉をふみにじられてまで妥協したり屈従したりしようとは考えていなかった。安倍の名誉を守って、一門あげて抗戦の道、玉砕の道を選んで、悔いるところはない、と言い切った。

事実、頼時のもとに結集された安倍の団結はみごとなものであった。あの苦難に満ちた一二年の戦いを通じて、ひとりの裏切者も脱落者も出さず、全員刀折れ矢つきるまで、安倍一族としての団結を守り続けた。それは頼時が身をもってつなぎとめたものであった。

❖頼時物語

『今昔物語』第三《の》一には、この頼時が「胡国」に渡ったけれども、むなしくまた本国にもどってきた物語が載せられている。これは、安倍氏の物語では注目すべきものである。というのは、安倍氏の所伝は、どれもこれも、征伐する側から見た悪者退治物語なのに、これは中央での物語でありながら安倍の側に立って物語られている。つまり、例外的な「下からの物語」

なのである。所伝では、この話は、筑紫にいる宗任が物語ったのを筆録したもの、ということになっているが、あんがいそのとおりなのかもしれない。この話の筋は、次のようになっている。

陸奥国に安倍頼時という武士がいた。この国の奥には「夷《えびす》」というものがいて、朝廷に従わないで、合戦となった。源頼義が陸奥守としてこれを攻めることになったが、頼時もその「夷」に同心している、という評判であったので、頼義は、これを征伐することになった。昔から朝廷と戦って勝った者はない。そこで、頼時はここで滅びるよりは、同志とともに、この国の奥の北の海にある胡国《ここく》に渡って、ながらえようと思って、貞任・宗任らむねと（おもな）の郎従二〇人、従者合わせて五〇人ばかりをひきい、船でその胡国に渡った。しかし、そこは人相といい、ことばといい、まったくちがう胡人《こじん》・胡語《こご》の世界で、住みようもないというので、頼時はむなしく本国へ引き返した。そしてほどなく死んだ。

この頼時物語によれば、頼時が追討の対象となったのは、頼時自身の謀反《むほん》によるのでなしに、その奥にいる蝦夷の反抗に頼時も味方しているという疑いによってであった。そして最後的にも、頼時が反逆人として追討になったとは書かれていない。しかし、このはなしを語った宗任は法師となって筑紫にいた、とあり、筑紫にかれがいたのは、「前九年の役」の配流《はいる》の結果であることは、よく知られていたはずであるから、頼時もただの死にかたをしたのでないことは、周知のことであったといえる。にもかかわらず、その頼時を謀反人とも戦死ともいわないのは、安倍氏の側から出たはなしを、好意的に伝えたものといわなければならない。また、その安倍氏を「夷」とは別個の一般の陸奥住人とし、さらにその「夷」からも「胡人」というのを区別しているが、その「胡人」がアイヌに相当することも、ほぼ疑いあるまい。

この線で「前九年の役」を整理すると、安倍氏は、北奥のエビスの反乱に味方したというぬれぎぬを着せられて、しゃにむに征討され、滅亡した、ということになる。それではあまりに気の毒だというので、頼時の戦死のことも、宗任の配流のこともいわないで、この物語はただ、陸奥国の奥の夷地の、さらにその北、海のかなたにある胡国訪問物語として伝えられることになったのである。

これは、あるいは、奥方面の俘囚が頼時にそむいたので、頼時がその説得に出かけ、それがもとで頼時が戦死するにいたったことを、安倍氏の立場から、奥のエゾの反乱に、安倍氏もまきこまれ、ついに滅亡ということになった、というふうに語り直したのであったかもしれない。とにかくこれは、安倍頼時善人物語として、まったく異質な系統のものであることを注意しておきたい。

清原氏の参戦

❖黄海の会戦

頼時が敗れたのは、七月二六日の戦いであった。その敗死の報告は、九月二三日、都に届いた。本来なら、これで終戦になるところである。しかし、安倍氏の抗戦はすこしもおとろえなかった。貞任・宗任・経清らの結束は、抵抗をさらに強めた。頼時はゆるぐことのない結束を遺産に残したことになる。戦局は新しく第五の段階にはいる。

一〇五七年（天喜五）一一月、冬にはいった中奥に、決戦を求めて頼義は出陣した。その勢力およそ一八〇〇人余。新総帥貞任は、部下の金為行《こんのためゆき》のよる磐井郡河崎柵（岩手県一関市川崎町）に四〇〇〇人の大兵を集結した。そして、黄海《きのみ》の戦いに、おりからの風雪をついて、頼義軍に壊滅的打撃を与えた。寒さと飢えになやまされた征討軍は、頼義の長子義家の八幡神のような勇戦により、主従六騎、わずかに虎口《ここう》を脱することができた。『陸奥話記』はこの敗戦のなかで、頼義麾下《きか》の関東武者が示したかずかずの美談を伝えている。しかし、それは裏がえせば、総帥頼義の一身さえ危いほどに敗北が深刻であったことを伝えるものである。

頼義軍がこのように苦戦しても、諸国・隣国の援軍・兵糧は、まったくとどかなかった。燃えさかる火の手のような奥勢の軍事行動を、頼義たちは、今は手をこまねいて見ているよりほかなかった。その奥勢組織の指導部に、藤原経清がいた。将軍頼義が攻めあぐんでいる目の前まで、かれは部下の兵士を進出させて、官物を徴発させた。「白符で取り立てよ、赤符を用いるな」。諸郡の主人公は、今や安倍であって、国司でないことを、聞こえよがしに呼ばわせたのである。経清にしてみれば、にえ湯をのませられたように恨みのある頼義である。武将の意地のありったけを、この「白符」の行使にこめたのであった。

頼義は、一言も発することができなかった。戦局は今や公権に対する私権という主義・主張の全面戦争段階にはいった（第六段階）。

❖営岡の会盟

麾下の坂東武者も攻めあぐむ。まして国府下の召集兵ではなお頼むに足らぬ。隣国・諸国は派兵の意志まったくなし——万策つきた頼義が、最後の切札として望みをかけたのは、出羽山北《せんぼく》の俘囚主、清原氏の参戦であった。そうだ、たしかにそれしか打開の道はない。頼義は工作をはじめた。

すでに述べたように、山北とは、古代の比羅保許山《ひらほこやま》の北、の意味で、今日の秋田県雄勝・仙北郡と横手市のあたりをさしていた。この地区には、奈良時代の後期以来、雄勝城と呼ばれる

金沢柵趾（秋田県横手市金沢地区）　横手市教育委員会提供

大城柵が設けられていた。「十道を承《う》くるの大衝《たいしょう》、国の要害、もっともこの地にあり」と称され、出羽国では、国府・秋田城とならんで、一府二城といわれていた大鎮城の一つであった。出羽山北における鎮守府のような城である。出羽の俘囚は、秋田城下と雄勝城下に定住せしめられ、それぞれ俘囚長の統制下にあった。清原氏は、その雄勝城下の俘囚長として、今日の秋田県横手市の金沢柵を本拠に、山北一帯の支配権を確立していた。だから、清原氏は、安倍氏とまったく同じ性質の俘囚の族長であった。その規模も似ている。

頼義は、この清原氏を起用して、強敵の矢面《やおもて》に立てようとはかったのである。古代ではこれを「夷を以て夷を制する」という。蝦夷どうしの対立をたくみに利用して、みずからは手をくださないで漁夫の利を占める高等政策である。しかし、安倍氏にせよ清原氏にせよ、烏合《うごう》の衆時代の土豪とはわけがちがう。数郡にわたる統治権を、ながい年にわたって行使してきているりっぱな政治家の家がらである。火中の栗を拾うような愚策はとらなかった。頼義の勧誘に対して、清原の当主、光頼・武則兄弟は、柳に風とうけ流すだけであった。頼義は必死の追いこみをかけた。『陸奥話記』には、ただ「常に甘言を以て」説いたとか、「常に贈るに奇珍を以てした」とかいう程度にしか書いていないが、「後三年の役」で、源氏と清原氏とが戦場でまみえたときの清原方の宣伝によると、「頼義は貞任・宗任をうちえずして、武則に名簿《みょうぶ》をささげて（従者になる誓いを立てて）」味方してもらった、というから、恥も外聞も忘れて、かなりきわどい要請のしかたをしたものらしい。この取り引きが、後になって非常に高価な犠牲を源氏にしいることになるが、とにかくこの懇請によって、清原兄弟も、やっと重いみこしをあげて、参戦の決意を固めたのであった。

頼義再任の期間は、このようにして、結果的には、清原の参戦待ちというようなことに明け暮れて、一〇六二年（康平五）、ふたたび任終の年を迎え、高階経重《たかしなのつねしげ》というものが新陸奥守になって下向した。しかし、国人はみな、頼義の命を奉じ、新司の下知《げち》に従わないので、経重はむなしく帰京し、朝議は混乱した。たてまえと現実の開きがあまりに大きかったからである。頼義にしてみれば、一〇年手がけたこの追討の功を、今になって他人に持っていかれるのは、武士の意地が許さぬ。面目にかけても、ここは、頼義の手でなしとげなければならないところである。頼義は、政治が空転する間隙をぬって、清原との同盟を強引に推進した。

一〇六二年（康平五）七月、清原兄弟は、一万余の大兵をひきいて、山北を発した。道は、一〇五一年（永承六）秋田城介の平重成が陸奥に越えたのと同じコースであろう。雄勝から仙秋ラインを荒雄川ぞいに大崎市方面に出て、同市鳴子温泉から栗原市花山―鶯沢を経て、同市内栗駒にあったという営岡《たむろがおか》に参会したのであった。営岡は、坂上田村麻呂が蝦夷征伐のとき、軍士を駐屯させたところと伝えられ、今もその塹壕《ざんごう》跡があると、『陸奥話記』は書きとめている。そのとおりである。ここは、古代伊治城下の柵戸村落を北の蝦夷から守った外塁線が、東西に延々十数キロも続くなかでの、ほぼ中央、要《かなめ》の位置である。胆沢方面に向かう軍勢は、ここを最北の営所としていたと考えられる。奥六郡の討伐戦は、その再現である。そのため、勢ぞろいの地は営岡、と定められたのである。

頼義麾下の三〇〇〇人は、七月二六日、国府を発し、八月九日、営岡に着陣した。清原軍は先着していて、これを出迎えた。八月一六日、部署を定めたが、七陣中、六陣までが清原軍で構成され、第五陣が本隊であったが、それも頼義直轄軍・国府官人軍と清原武則直轄軍の連合編成であった。源氏三〇〇〇、清原万余。このちがいが、そのまま軍の比重を定めた。頼義主、武則従という名目は保っていたものの、その実は、これは会盟《かいめい》（盟約）にほかならなかった。源氏・清原対等の資格で、ここに征討の責任と栄誉とを五分に分け合う盟約――そういった性質のものであった。

『陸奥話記』はこのときの武則の宣誓のことばを伝えている。

武則、遙《はる》かに皇城を拝し、天地に誓いて言う。臣、すでに子弟を発して、将軍の命に応ず。志、節を立つるにあり。身を殺すを顧《かえり》みず。

これは、清原を代表して、頼義に誓う形をとっているが、実際は、征討軍を代表しての宣誓である。局面はここでいっきょに終局へと急展開するのである。

❖衣のたてほころぶ

源氏、清原一万数千の征討軍は、「松山道」と呼ばれる新胆沢街道を北に進み、まず、この方面の総大将、安倍宗任の叔父、僧良昭《りょうしょう》の守る小松柵を襲った。この柵は磐井川が東南に深淵をつくり、西北は切り立つような絶壁が囲む陸の孤島のような要害であった。深江是則《これのり》・大伴員季《かずすえ》というような決死隊二〇数名が、その絶壁に剣をもって穴をあけてよじ登り、柵の下を掘りくずして城内に乱入した。これで城中は大混乱となってしまった。宗任が八〇〇の精兵をひきいて応援し、城外では激戦が展開された。頼義軍は五陣本隊の坂東の精鋭が奮戦し、ついに安倍勢をしりぞけ、小松柵を抜いた。

持久戦がはじまった。宗任たちは兵糧攻めを策して、後方栗原市方面まで兵を出して、その補給路を絶った。頼義軍は、兵士三〇〇〇人を、磐井郡仲村の地に出し、その稲を刈りあげ、六五〇〇余人の城兵の命をつないでいた。この様子を聞いた総帥の貞任は、八〇〇〇の精兵をひきいて来襲し、いっきょに勝敗を決しようとした。知謀にたけた武則は、えたりとばかりこの機をとらえ、決戦にもちこんだ。城中は兵糧の欠乏に苦しんでいた。短期決戦はこちらの望むところ、貞任はそれに道を開く形となった。九月五日、正午から夕方六時まで、激闘が続いた。貞任軍は敗れ、算を乱してのがれた。前線の高梨宿《たかなしのしゅく》・石坂柵《いしざか》なども、果敢な夜襲にあって攻め落とされた。安倍軍は、総勢、衣川関にたてこもったのである。

衣川関は、一丸泥をもって封ずれば、人っ子ひとり通ることができないと称された天険である。その険は「中国の崤関《こうかん》・函谷関《かんこくかん》にもすぎる。一夫が険を拒《ふさ》げば、万夫も進むことができない」というのであった。武則はここでも知謀をめぐらした。久清という忍びの兵をして、こちらの岸から向う岸へ、軽業《かるわざ》のようにとび移らせ、そこの曲木からこちら岸へ、縄をかけ葛《つた》をまきつけて橋とし、三〇余人の兵士を渡らせて、関内の藤原業近柵に火をかけさせた。不意打ちにあった貞任らは、浮足だった。ついに衣川関を死守することを断念して北走し、あらためて奥六郡中原《ちゅうげん》の拠点、鳥海柵に拠《よ》った。こうして、天下の険と称された衣川関も、ついに落城したのである。

のがれる貞任を追いつめて、八幡太郎義家は、

衣のたてはほころびにけり

とよみかけた。すると貞任は、くつばみをやすらえ、かぶとのしころをこちらに向けて、

年をへし糸のみだれのくるしさに

とつけたのであった。義家はつがえた矢をはずして帰った。

さばかりのたたかいの中にもやさしかりけることかな。

『古今著聞集《ここんちょもんしゅう》』という物語の一節である。

❖厨川の滅亡

九月一一日、連合軍は、鳥海柵に向かった。鳥海柵は、岩手県胆沢郡金ケ崎町。胆沢川を隔《へだ》てて胆沢城と相対している。安倍宗任が守るこの方面の中央拠点であった。しかし、衣川関の敗戦までの間に、数多くの部将を失った宗任・経清らは、ここも死守する戦意を欠いて、貞任の拠《よ》る厨川柵を最後の拠点とすべく、全軍をそこに撤退・集結した。したがって、頼義・武則らは、鳥海柵に無血入城したのである。頼義は「ながねん、鳥海柵の名は聞いていたが、入城できかねていた、あなたの忠節で、はじめてこうして入城できた」と言って、武則に全幅の謝辞を述べた。

さて、さらに北して和賀郡黒沢尻柵に安倍正任を破り、鶴脛《つるはぎ》・比与鳥《ひよどり》などの柵もおとしいれた追討軍は、九月一五日、ついにさいはての厨川柵に、安倍の総勢を追いつめ包囲したのである。

厨川柵は現在盛岡市内にある。ただし、これまでそう呼ばれてきたのは、厨川柵と並ぶもう一つの柵の嫗戸《おばと》柵に当たるらしいとされるようになった。というのは、厨川柵は、西北が大沢、二面が川にのぞむ、とあるが、従来の厨川柵というのは、北が沢で、東だけが北上川に面していて、地形にあわないところがあるからである。それで、盛岡駅構内、北上川と雫石《しずくいし》川にはさまれた館址を厨川柵と考え、従来のは嫗戸柵とするのがよいだろうとされている。相互の距離七〜八町とある。

安倍勢ももとより城を枕に討死の覚悟であった。河岸三丈の高い絶壁の上に柵を築き、その上に楼櫓《やぐら》を建て、兵を配していた。川と柵との間には堀をめぐらし、堀の底には刀をさかさに立て、地上には鉄菱をまいていた。遠い者には、弩弓《どきゅう》（大弓）で射、近い者には石を投げて打ち殺した。柵下に来る者には、にえ湯をそそぎ、刀をふるって斬り殺した。一六日は、終日終夜激戦をまじえたが、城は固くて抜けず、攻撃隊は数百人の死者を出した。

頼義は兵士に民家を破壊させて、これを堀ぎわに積ませた。同時にかやを刈らせて、これを河岸に積ませた。そしてこれに火をかけたのである。火勢ははげしくあがり、たちまち城中にもえうつった。城内数千人の男女は、同音に泣きさけんだ。にげ出して河中におぼれるもの、今はこれまでと自決してはてるもの、最期の時が刻々に近づいてきた。決死隊が数百人、城中からおどり出て、獅子奮迅《ししふんじん》の勢いで包囲軍におそいかかり、死傷者が続出した。武則が厳命した。「囲みを開いて、賊の者どもを出させよ」。囲みがとけると、人情の常として、城兵たちは戦意をなくして、どっと外へ走り出して来た。包囲軍は、それを横から捕捉して、みな殺しにしたのである。柵はおちいった。

こうして、大詰《おおづめ》の場面になる。藤原経清が捕虜となって、頼義の前に引き出された。恨み骨《こつ》髄《ずい》に徹した頼義は、はげしく詰問《きつもん》した。

汝《なんじ》は先祖相伝、予が家僕たり。而《しこう》して年来朝威を忽緒《こっしょ》（ないがしろ）にし、旧主を蔑如《べつじょ》す。大逆無道なり。今日、白符を用うるを得るや否《いな》や。

要するに「今も白符を用いることができるか」と、ののしりたかったのである。経清は、首をたれて、一言も発しなかった。頼義は、鈍刀でもって、何回も何回も斬りつけて、苦しむだけ苦しませて、殺した。一二年間のうらみが、この「白符」のうらみに凝集していたかの感がある。

貞任は、官兵の鉾《ほこ》でさされ、虫の息のところを大楯に乗せられて、頼義の面前につれてこられた。身のたけ六尺有余、腰まわり七尺四寸。容貌魁偉《かいい》、皮膚の色はあくまで白く肥満の男であった。頼義と顔を合わせただけで息を引きとった。年三四。

貞任の子を千世童子といった。年わずか一三歳ながら、容貌美しく、しかも剛力無双であった。よろいかぶとに身を固めて奮戦した。頼義はこれを助けようとしたが、武則から、「小義を思い、巨害を忘れてはならぬ」といさめられて、これを斬った。また安倍則任の妻は、三歳の男の子をいだき、夫が最後の決戦に出ようとする面前で、水中に投じてはてた。

宗任・家任・為元らは降参し、重任は斬られた。一二年にわたる大乱は、こうして終わったのである。

鎮守府将軍

安倍から清原へ

❖その後の安倍一族

戦後、安倍氏がどうなったかについては、『朝野群載《ちょうやぐんさい》』というものに政府の指示したところが載せられていて、その大要がわかる。しかもそれにより、戦争中、その人たちがどのようにしていたかということもわかったりする。『陸奥話記』のような全体的な記事では述べられていないことも知られて、興味が深いのである。

その指示というのは、戦後二年めの一〇六四年（康平七）三月二九日、すでに伊予守《いよのかみ》に転任していた源頼義の申請により、伊予国司に出されたものである。それによると、こうであった——

頼義は、陸奥国にいて、降人たちの処置について、指示を待っていたが、なかなかないので、おもだったもの五人、すなわち俘囚長安倍頼時の子、宗任・正任・真任・家任および沙弥良増《しゃみのりょうぞう》こと則任《のりとう》の五人およびその従類三二人だけ連れてきた。そのうち、

㈠宗任　衣川関が敗れたとき、鳥海柵をのがれ、嫗戸柵にこもって合戦した。疵《きず》ついてのがれ、のち降参したのである。

㈡正任　小松楯《こまつのたて》を逃げるとき、伯父僧良昭をともない出羽に走った。出羽国司がこれを捕えようとしたので、狄地《てきち》にのがれたが、一〇六三年（康平六）、降った。正任は『陸奥話記』では和賀郡黒沢尻柵を守り、敗れて清原光頼の子頼遠のもとに隠れたことになっているから、ここにはかなりのくいちがいがあることになる。

㈢真任　本文には貞任とあるが、「貞」と「真」とはよく混同される。貞任は首領としてすでに敗死しているので、これは真任とすべきである。かれは病身で、この戦争にはまったくあずからなかったという。これも他には見えないことである。

㈣沙弥良増　すなわち則任は、敗戦になると、命を助からんがために出家をし、母を先だてて降参したというのである。

㈤家任　嫗戸柵敗戦のときは、兵卒のなかにまじってのがれ、一両日にして降参した。

『朝野群載』にいうのでは、この人たちはみな伊予国に移されたようになっているが、『百錬《ひゃくれん》抄《しょう》』という本では、宗任・家任が伊予、良増らが大宰府、のち宗任らもみな大宰府に移された、

ということになっている。宗任らが本国に逃げ帰ろうとしたからだとされている。『古今著聞集』には、宗任が義家の従者として仕えたはなしがあるが、これは後世のつくりばなしであろう。頼義が宗任らを引きつれて上洛したとき、朝議はかれらの入洛をさしとめている。そのような罪人を、義家が公然と従者の列に加え、洛中の伴《とも》につれ歩いていたとは考えられない。事実、宗任物語ではもっとも古く、かなり確実だと思われる『今昔物語』では、宗任が法師として筑紫にあったと伝えている。おそらくこれが正しいであろう。

しかし、安倍氏のその後の歴史で、もっとも重要なのは、そのような男系安倍氏ではなくて、女系安倍氏である。なぜか。男系安倍氏は、残った者でもその一代で歴史を終えてしまうのに、経清の妻であった頼時の娘、宗任の娘でのちに基衡の妻になる安倍氏は、のちのちまでも、安倍の血を歴史に伝えてゆくからである。政治的にも、安倍や藤原ゆかりの女性たちは、すくなからぬはたらきを辺境古代史の形成に残しているのである。

安倍の歴史を感動深く閉じる物語が『陸奥話記』に述べられている。一〇六二年（康平六）二月一六日、貞任・重任・経清らの首が都に着いた。都はたいへんな人だかりで、この大戦果を迎えた。貞任の従者が、主君の首級をかついで従列にあった。おそらく主君がみにくい死顔を人目にさらすのに忍びなかったからであろう。従者は「櫛《くし》がない、貸していただけないか」と引率者にねがった。引率者は、大声で「おまえのがあろう、どうしてそれでやらぬ」とどなった。従者は泣く泣くその櫛で主君の髪をくしけずりながら、かきくどいた。

主君貞任在世のみぎりは、高い天のようにこれを仰いでいた。それをなんということだろう、この垢《あか》にそまった櫛でその髪にふれようとは。もったいなくて、もったいなくて。

周囲は、この忠僕のことばに感動した。安倍の支配は、ここまで徹底していた。そこにあの抵抗の源泉があったのである。

❖論功行賞

敵将の首級が都入りしたところで、頼義以下の功労者たちに対する論功行賞がなされた。二月二五日の除目《じもく》（人事異動）で、次のような昇進が決まったのである。

源　頼義　正四位下伊予守
源　義家　従五位下出羽守
源　義綱　左衛門尉
清原武則　従五位下鎮守府将軍
藤原秀俊　右馬允《うまのじょう》 ｝首を献じた使者
物部《もののべ》長頼　陸奥大目《だいさかん》

頼義の正四位下は栄進であった。伊予守も多く京官兼任の国司であったから、左遷ではないが、しかし、栄進というほどではない。義家の従五位下出羽守は、初任としては栄職であるが、それよりも抜群の栄官は、武則の従五位下鎮守府将軍である。古代の制度では、現地の人は鎮守府の官人には任命しないことになっていた。武則は、陸奥の人でないにしても、同じ蝦夷の国の土豪のひとりとして、これに任ぜられたのだから、破格の栄進である。鎮守府将軍は、古来、陸奥守相当の武官で、多く陸奥守兼任であった。現に頼義は陸奥守兼鎮守府将軍であった。その頼義の栄職を肩がわりしたのであるから、武則は、頼義の後任ということになるわけである。しかも、頼義は現地を去り、武則はもともとの土豪であるうえに、正規の軍政長官として現地の政治に当たるのだから、戦争の成果を現地で享受するのは、武則であったということになる。

そうなれば、よそ者の義家が任ぜられた出羽守の地位よりも、地つきの武則がなった鎮守府将軍のほうがはるかに羽ぶりがよかったといわなければならない。義家は、二年後の一〇六四年(康平七)には、父頼義が伊予守で南海にあるのに孝養をつくしがたいという理由から、越中守に転任したいと願い出ている。歴史家のうちには、これは、義家が武則の下風に立つのをこころよく思わないところから出た転出だとする人もいる。わたくしも、そう考えるひとりである。

清原武則は、このようにして、東北の人としてははじめて、東北最高行政官としての歴史を開くことになるのである。

えびすの将軍

❖蝦夷世界の変革

清原武則が鎮守府将軍になったことが、どのような意味をもったかについては、のちの「後三年の役」のさいに、あますところなく物語られている。『後三年記』（正確には『奥州後三年記』）には、こういう挿話が伝えられている。

清原氏を本拠金沢柵に追いつめた源義家軍も、北国の迫る冬を前にしての長い包囲作戦にいらいらしはじめていた。そのとき、敵将清原家衡の乳母子《めのとご》の千任《せんとう》というものが、櫓《やぐら》の上から大音声で攻囲軍に呼びかけを行なった。「義家の父頼義は、安倍貞任・宗任を打ち平げることができないで、武則に従者のちかいを立てて、これを勧誘し、ひとえにその力によって、ようやく貞任らを打ち平げることができた。だから、源氏は清原の家人となったのである。それなのに汝（義家）は、相伝の家人として、おそれ多くも重恩ある主君を攻めるという不忠不義の罪をおかしている。天道の責めを、かならずこうむるだろう」。

これを聞いた源氏の面々は、殺気だって、口をとがらせて、言いかえそうとすると、義家は制して、口答えをさせなかった。そして、ひとこと、こう言った、というのである。

「もしあの千任とやらを生け捕りにする者があったなら、その者のために、この命を捨てることなど、ちりあくたよりも軽いと思うのだが」と。

源氏がこの宣伝に、どのように武門の誇りをきずつけられたかがわかるであろう。頼義は、武則に従者の誓いをたてて、参戦してもらい、それによって勝利をえたのだから、清原は主君、源氏は従者である。武則の鎮守府将軍は、そのような、源氏に対する清原の主筋の地位を示すものである――そういういいかたなのである。

この清原の論理に対する源氏の論理は、金沢柵が落城し、敵将清原武衡らがとらえられて、義家の面前に引き出されたときの、義家の語気はげしいことばによって述べられる。

軍《いくさ》の道、勢《せい》をかりて敵をうつは、むかしもいまもさだまれるならいなり。武則且《かつ》は官符の旨にまかせ、かつは将軍のかたらいによりて、御方にまいり加われり。然《しか》るを先日僕従千任丸におしえて、名簿《みょうぶ》（従者になる署名簿）あるよし申しは、くだんの名簿さだめてなんじ伝えたるならん。すみやかにとり出《いだ》すべし。武則、えびすのいやしき名をもちて、かたじけなくも鎮守府将軍の名をけがせり。これ将軍の申しおこなわるるによりてなり。

従者になった誓いの名簿があるなら見せてもらおう、というむき出しの感情論になるのも、武則が鎮守府将軍になっていて、その権威が奥州に兵を用いる者にとっては、最高の権威という意味あいのものであったことによる。だから、それは「えびすのいやしき名」の者には、本来許されないものである。武則は、「かたじけなくも、その名をけが」した。義家の側では、その特例をつくり出した頼義の「申しおこない」の恩義を主張する。清原の側では、そうさせた功績を主張し、やはり将軍としての権威に変わりないとやりかえす。

とすれば、義家としても、ムキにならなければならない事情はあったのである。「えびすのいやしさ」をもってしてはありえないはずのものが、事実としては現にそこにある変革が、ここになしとげられていたからである。

❖清原貞衡

清原による、このえびす世界の変革は、武則一代限りの名誉職、というようなものではなかったらしい。それは、おそらく、孫の真衡にもうけつがれたのではないかと推測される十分な根拠がある。もしそうだとすれば、武則と真衡の中間にくる武貞にも、将軍の残り香のようなものが残されて、結局父祖三代、将軍権威によって、清原の武門としての棟梁権を秩序だてていた、というような見通しも出てくるのである。そんなことの考えられるわけを述べてみよう。

竹内理三博士編『平安遺文』第九巻には、「前陸奥守源頼俊申文《もうしぶみ》」というのがある。これは

「前九年の役」が終わって五年後の一〇六七年（治暦三）に陸奥守に任命された源頼俊が、陸奥国閉伊方面の蝦夷を討って大功があったのに、一〇八六年（応徳三）になっても、大将軍の自分にはなんの恩賞もなくて、「清原貞衡」というものだけが、いちはやく鎮守府将軍に任ぜられている不満を訴えて、讃岐守《さぬきのかみ》の欠員に補せられんことを請うたものである。

文面からおして、貞衡が征夷軍の部将のひとりだったことは明らかであるが、しかし国府の官人のひとりであったら、国守をさておいてしかも国守級の鎮守府将軍に任ぜられる、ということはありえない。したがって、かれは、国府官人とは別系統にありながら、この征討に協力した実力者と考えられる。それは地元の豪族と理解するのが自然である。そのような人としては、清原真衡しか考えることができない。当時、「貞」字と「真」字とは、よく混同される。すでにあげた、安倍氏配流の官符にも、「貞任」とあるのは「真任」の誤りであったと推定される、本書ではそう訂正して述べておいた。清原氏は、武則がすでに鎮守府将軍になり、奥六郡だけでなく、ひろく奥羽一円に「清将軍」の威望を輝かしていた。一〇六七年（治暦三）の段階ではまだ武貞の時代ではなかったかと思われるが、あるいは、そのころ武貞が死んでいることも、ないしはその代理のような形で頼俊の征討戦に参加した可能性は、十分考えてよい。「後三年の役」勃発のころの真衡の年齢をかりに五〇歳とすると、治暦三年は三四歳、四五歳で乱がおこったとしても、頼俊征夷のころは、だいたい三〇歳である。

ところで、『朝野群載』という本の延久三年（一〇七一）の弁官下文によると、この年まで、頼俊は征夷征討の結果を報告していず、使者にその報告を代わってやらせることもしていない。したがって貞衡＝真衡の上京も当然それからのちであろう。そうであれば、年齢的にも、ほぼ問題がないであろう。大将軍に先んじて鎮守府将軍に任ぜられたのは、おそらく、かれが征夷の実際の担当者であったからであろう。そして、祖父武則の先例にならって、ほとんど問題なく朝議も通過したものと考えられる。

もし、こういう推定が可能だとすると、真衡は、陸奥国守よりも大きな評価をえ、国守の論功行賞に先んじて、国守相当の将軍宣下をうけていたことになる。かれが「威勢、父祖にすぐれ」ていたというのは、こういう事実をふまえてのことであったと考えられる。清原氏は真衡になって、武則が例外として許されたものを、一つの家格として定着させるような方向を開きはじめていた、とみることもできるのである。

清原貞衡が、ほんとうに清原真衡であるかどうかは、まだ決着がついていない。しかし、いずれにしても、武貞を経て、真衡にいたる過程で、清原支配が武則時代以上の体制化をおしすすめることは、疑いないのである。

Ⅱ

藤原の創業

清原清衡

人間記録

❖藤原の親と子

「人間記録《ヒューマン・ドキュメント》」ということばがある。その人の人間としての歩みそのものが、一つの歴史としての意味をもつ生涯をさす。藤原清衡親子の生涯こそは、まさにその「人間記録」の環《わ》をなすもの、というべきである。父経清は、どこから下ってきた人かも、はっきりしていない。その人によって、「前九年の役」と呼ばれる劇的な抵抗の歴史の主要な部分がになわれる。そして、歴史からは消え去ってゆく大豪族、安倍氏の遺産を授受する橋渡しが、実に、この人を仲立ちしてなされる。清衡母子は、その執行者として死後に残された。

清衡の母は、経清以上に、人間記録の名にふさわしい女性である。この人の人間遍歴のうちに、安倍氏・清原氏・藤原氏という、あいうける辺境古代末期の支配者の歴史が、一つのものとして結び合わされる。かの女は、まず安倍氏の娘である。そして藤原経清の妻となって清衡を生む。「前九年の役」で、夫経清が処刑された後、かの女は清原氏に再嫁して、清原の人となる。日本の歴史でも、これだけ重要な遍歴をたどった女性は、古代では橘三千代《たちばなのみちよ》、近世では織田信長の妹小谷《おだに》（於市）の方《かた》とその娘たちなど、数えるくらいしかいないのである。

清衡は、まず安倍の客将である経清の子として、「前九年の役」のさなかに生をうけた。そうして、戦後は、母の連れ子として、清原の人となり、二五年間、灰色の青春を送った。そして「後三年の役」では、清原清衡と藤原清衡とをじょうずに使い分けて、ついに清原ゆかりの武将としては、ただひとりの生存者として、安倍・清原の全遺産を継承し、平泉百年の歴史を開く。

この人たちの人間としての歴史そのものが、古代末期の奥羽の歴史を浮き彫りするのである。

❖藤原朝臣経清

平泉の藤原氏については、つい最近まで、次のような説があった。東北の俘囚の家がらの者が藤原を名のるのは、本来のものでなかろう、清衡はのちに京都の藤原氏とかかわりをもつ、おそらくその縁故で、藤原を称するようになったものであろう——

しかし、清衡よりも前に、父の経清がやはり藤原を名のっている。そこで、清衡ではなく、父の経清のときに、同じような事情で、藤原をおかすようになったものであろう――というように説は改められたものの、いぜんとして藤原の名のりは、あとで京都の摂関《せっかん》藤原氏に由来するだろうと、推測されてきた。

このような推測は、事実を正しく理解していないところからくる。経清と同じく安倍氏に仕えて名を残している者のなかには、平孝忠・物部惟正《これまさ》というような人もいる。藤原姓では経光・正綱・正元・業近《なりちか》・頼久・遠久などという名があげられている。これらの人たちも、すべてなんらかの形で、中央の姓をあとから名のるようになったと説明がつくようでないと、経清だけについて、そういう特別な推定をすることはできないことになる。

平安時代のこのころには、平姓や藤原・源氏のような姓は、もう特別なものでなくなっていた。なぜなら、国司や将軍として下向したもの、その部下たちのうちには、任期満了後も、そのまま土着するものがたくさんあったからである。平孝忠・物部惟正らは、『陸奥話記』で「散位《さんい》」と呼ばれている。「散位」とは、位階はあっても現に官職についていないものをいう。そういう人は、性質上、中央下りの官僚くずれと考えるべきである。経清もそういう種類に属すると理解されるのである。

その証拠に、『陸奥話記』には、「散位藤原朝臣《あそん》経清」とあり、その他、頼義の公文書のなかにも「散位経清」、『帝王編年記』『扶桑《ふそう》略記』などという本にも、貞任　重任らは「俘囚」と呼ぶのに、経清だけは「散位」と書き分けている。これは、経清が「俘囚」とはちがって中央下りの官人系統の人であることを物語るものである。安倍氏とはちがうのである。

経清とならべて書かれている平永衡という者は、はっきりと陸奥守藤原登任が下向するときの従者であったとある。経清も同じような事情で、あるいは永衡と同じく登任にでも従って下向したものと考えてよいかもしれない。『奥州後三年記』には、経清は「わたりの権大夫」とあり、諸系図にも「亘権守」「亘理権太夫」「渡権太夫」などとある。これからみれば、経清は、あるいは陸奥権守であったこともあるかもしれない。すくなくとも陸奥国衙の官人であったことはほぼ疑いなく、そのため、宮城県亘理郡に所領をえて、「亘理権守」・「亘理権太夫」というふうに呼ばれたものであろう。

そうであるとすると、経清が、もともと藤原姓で下級貴族の末端につらなる人であったことは、まちがいない。それゆえ「散位」とか「朝臣」とかいう形で、とにかく貴族に準じて扱われていたのである。

この藤原姓は、下野《しもつけ》の藤原秀郷《ひでさと》流の藤原であると考えてよい。平泉藤原氏がそういっているばかりでなく、秀郷流の武士の家がらである西行《さいぎょう》（俗名佐藤義清）も、藤原氏のことを「一族」と呼んでいるから、秀郷流藤原氏の流れと理解しておいて、まずまちがいあるまい。『尊卑分《そんぴぶん》脈《みゃく》』という系図によると、経清の父頼遠は「下総国の住人」であったという。とにかく関東地方あたりに住み、さる国司の奥州下りに随行して、国府の官人となり、そのまま土着して、安倍氏とも結ぶ官人豪族になったものであろうと思う。手兵八〇〇人もひきい、官物もその名まえで徴発していることからいって、安倍氏のなかでも、貞任・宗任らとならぶ最高指導部のひとりであったことが知られる。それほどの安倍党であるのに、しかし経清は、けっして安倍党として終始したのではない。かれはどちらかというと、政治家はだの人であった。しかし、その政治性で歴史をついに泳ぎ切ることができなかった。清衡は父からこの政治家の血をうけたのである。

❖清原氏の妻

『陸奥話記』によると、厨川落城のさい、城中では着飾った美女たち数十人がとりこになった。頼義は、この女たちを、生ける戦利品として、手がらのあった勇士たちに対して、それぞれに恩賞として分かち与えた。おそらく、そのなかに経清の妻もいたのである。そして拝領第一号として、清原軍第一陣の押領使清原武貞に与えられたのである。武貞は武則の子で早く妻を失っていた。頼義にしてみれば、戦利品の分配にすぎなかったのであるが、武則・武貞らには、これは、安倍氏の遺産をつぐものとしての生けるしるしと考えられたであろう。奥六郡の相続権は、戦後、清原氏に移った。それは制度上は、鎮守府将軍の渡領《わたりりょう》（相伝の領地）という意味あいからでもあったろうが、実質的には、安倍氏の女《むすめ》を迎えとることにともなう安倍宗主権の相続、というふうに理解されたであろう。清原氏にとっては、かの女は藤原経清妻ではなくて、安倍頼時女《むすめ》であったのである。

鎮守府将軍となった武則の本拠は、鎮守府に移されたであろう。出羽山北の旧領はもちろん、そのまま残されたにしても、清原嫡宗の本領は、奥六郡に移動したのであった。武貞もそうであったと思われる。したがって安倍氏女は、再婚後もその生まれ故郷に引き続き生活できるようになったと推定してよい。実際、「後三年の役」の起こるころの様子を見ると、武貞の長子真衡も、清衡・家衡兄弟たちも、みな鎮守府中心に住んでいたようなのである。お家騒動は、その鎮守府下でおこっている。だからこそまた、その安倍生き残りの経清未亡人が、安倍の跡目相続人とみなされ、これを迎え取った、清原が正規の安倍後継者と考えられるにいたったのである。

さて、経清未亡人が清原武貞に再嫁したときには、武貞には先妻との間に真衡という嫡男があった。清衡は一〇五六年（天喜四）に生まれているから、おそらく七歳か八歳ぐらいで、清原の家に連れ子として養われることになったのである。母は新しく家衡という男の子を生んだ。おそろしく複雑な兄弟関係である。真衡にとって清衡はなんの関係もない義理の弟である。家衡は、父は同じでも母がちがう。清衡にとっては、真衡は赤の他人の義理の兄である。家衡は母が同じでも父が異なる。家衡からいえば、真衡は、父が同じで母がちがう兄、清衡は母が同じで父が別な兄――そういう間がらである。

母として、主婦として、どうような日々をこの安倍氏女が送ったかは、想像するよりほかないのであるが、おそらく小説よりも奇なる茨《いばら》の道であったろうと思われる。この数奇《すうき》な運命の女性のうちに、清原一家の複雑なまとまりも、また安倍・清原・藤原という相うける大族長制の連続も、すべて託されることになったのである。

❖ミイラの記録

しかし、何がこの人たちにとって記録的であるといっても、おそらく、ミイラとなって、今なおその肉体をもって、その歴史を物語っているということ以上に記録的なことはまたとあるまい。藤原氏は、清衡・基衡・秀衡三代の遺体、および四代泰衡の首級をミイラとして残すことによって、身をもって古代末期一世紀にわたる歴史を再現することになったのである。歴史上の人物が、父子四代にわたってこのような人体記録を残すというようなことは、世界史上もその例を見ないことである。どのようなわけで藤原氏だけがこのような歴史をつくり出したのか。まことにつきない好奇の想《おも》いが誘われてならないところである。

ミイラへの好奇の念は、いったい、藤原氏は、日本人（以下、著者は民族あるいは人種的な意味合いで「日本人」としています。原文を尊重してそのままとします―編集部注）なのであろうか、それともアイヌだろうかという点に集中してこよう。安倍氏・清原氏とうけて、藤原氏は北方蝦夷の伝統のしんがりにくる家がらである。みずからも蝦夷の子孫と称し、人もそう呼んでいた。蝦夷だということになれば、それはつまりアイヌということになるであろう。藤原氏についてアイヌということを確認すれば、それは、安倍氏・清原氏についても同じ事実を検証しえたことになる。安倍氏も清原氏も、蝦夷の首領という点では、藤原氏以上にはっきりしている家がらである。藤原氏はその安倍氏とは何回も血を交えているのである。

一九五〇年（昭和二五）三月、朝日新聞社学術調査団が中尊寺金色堂の遺体調査をするときには、調査団はもとより、一般の人たちもまた、蝦夷というのはアイヌなのか日本人なのかに、これは人類学的な決着をつける調査になるだろうという期待をかけ、結果の公表をかたずをのんで待っていた。

その調査報告は『中尊寺と藤原四代』と題して、同年八月に刊行された。長谷部言人・鈴木尚・古畑種基・足沢三之介氏などの一流の人類学者たちが、正確・綿密に、その遺体に刻まれた記録を読みとった。この調査では、まるでいま交通事故でなくなった人に対する法医学の解剖調査のように生々《なまなま》しい計測調査がなされたのである。たとえば、血液型の検出のごときである。清衡ＡＢ型・基衡Ａ型・秀衡ＡＢ型・泰衡Ｂ型――そういう血液型が示された。それによって、たとえば、清衡の父母はどちらもＯ型ではありえないこと、父経清がＡ型なら、母安倍氏はＢ型でなければならない――試験管を持って科学者はこのように言う。死の時によって遠く隔てられていた人を、われわれと同じ生身の人間として、ベッドに横たえて診断しているような歴史が、その調査からは復元されている。また、この人たちの死因については、次のようにいわれている。四代について、それぞれレントゲン検査を行なった。その結果によれば、清衡は脳溢血のような血液循環障害でなくなったのであろう。二代基衡は、脳圧の急激な上昇、たとえば卒中のようなものでなくなったのであろう。長く臥床していたような気配《けはい》はない。三代秀衡は高齢で死亡したようであるが、あるいは脊椎カリエスのようなものが直接の死因であったかもしれない――歴史上の人物、七〇〇年も八〇〇年も昔の人を前にして、科学がこのような推論をくだせる記録を残しているということは前代未聞のことである。

東北古代史研究のおくれは文字に書かれた記録がすくないことに主としてもとづいている。そのなかで、藤原氏は、その東北古代史研究のおくれをいっきょに取りもどして、他のどの地方のどの時代にも期待できない科学的な記録を残している。だからこそこの人間記録から復元される歴史には、他のどのような場合における歴史研究よりも、科学としての権威が期待できるのである。

❖アイヌか日本人か

さて、その形質人類学的調査、すなわち人種としての特徴を明らかにする調査の結果は、どのようになったのであろうか。藤原氏はアイヌであったのであろうか。それとも日本人であったのであろうか。かたずをのんでの期待に対して、科学者たちは、こう公表した。

藤原氏は、人体のあらゆる特徴からみて、標準的な日本人とほとんど異なるところがない。したがって、アイヌというようなものと考えることはできない。

まず身長は、三代とも一六〇センチ以上と推定できるが、アイヌは、通例一六〇センチ以下である。頭型についていうと、アイヌも日本人も、最大幅はほぼ同じであるが、最大長はアイヌが長く、したがってアイヌは長頭型、ないしこれに近い中頭型である。これに対して、日本人は短頭型、もしくはこれに近い中頭型である。最大幅と最大長の比は、アイヌ七五、日本人七八～七九である。藤原四代の長幅指数は、清衡八〇・基衡八一・秀衡七八・泰衡七九である。はっきり短頭型、もしくはこれに近い中頭型である。

鼻高も、アイヌは日本人よりよほど低いが、藤原一族の鼻指数は、アイヌよりいちじるしく高い。指紋も、清衡の右手、秀衡の左足から渦《か》状紋が検出された。東洋人である日本人の指紋は渦状紋を主とし、西洋人型であるアイヌの指紋は蹄状紋を主としているから、指紋からいっても、藤原四代は、日本人型であって、アイヌ型ではない。

人類学者たちは、こもごも以上のような事実を明らかにした。自然科学が立証したこの事実を、われわれはいわれなく疑うわけにはいかない。藤原氏は、日本人以外の何者でもない。現状では、われわれはそう認めるよりほかない。したがって、おそらく安倍氏もまたアイヌではないということも、この調査は間接に明らかにしたといってよいのである。安倍氏とは、すくなくとも二回にわたって混血していることからいって、藤原氏の形質は、ある程度まで、安倍氏のそれをも代表していたとみられるからである。

そうすると、蝦夷も俘囚も、すべてアイヌでない、ということになるのであろうか。多くの人は、そうなると考えた。しかし、この問題は、そのようには発展しない。古代史では、蝦夷というのは、東北に住んだ未開・野蛮人を一般にさすことばである。それが日本人であるか異人種であるかにかかわりなく、このことばを用いた。すなわち、歴史的な蝦夷という観念は、厳密には、文化的・政治的なもので、人種上のものではない。だから、藤原氏は、人種的には日本人であっても、文化的・政治的には蝦夷でありえた。事実、そう呼ばれていたし、みずからもそう称していた。そして蝦夷といえばすぐアイヌである、というような伝統的な考えかたに対して、まちがいなく蝦夷と称され、みずからもそう称していた人のなかにも、日本人がいるということを立証した点で、藤原氏の遺体調査は重要な意味をもった。古代蝦夷の人種論は、最終的には、こういう人類学的調査を積み上げてなされなければならない。

清衡以下の藤原氏のミイラは、このようにして、日本古代史に、科学の分析を可能にした人間記録といえるのである。

清原くずれ

❖地火炉ついて

清衡が清原の家の人となってからおよそ二〇年、かれもようやく壮年に近づいた二八歳のとき、清原の家に大きな内訌《ないこう》が起こった。『奥州後三年記』という本によると、それは、武則の孫真衡の「父祖にすぐれた威勢」によって、「一族ながら郎従のふるまいをする」ようになった同族たちの抵抗から起こったものと説明されている。おりしも、陸奥守として奥州に下向中の源義家がこれに介入して清原同族間の内訌は、一転して、源氏・清原が相戦う内乱へと発展し、いわゆる「後三年の役」となったのである。

そこで、この乱の発端は、清原の嫡宗真衡の威勢が、祖父武則・父武貞の時代にはなかった支配を、同族たちに加えるようになった事情にあることが知られる。それなら、武則・武貞の時代は、いったい、どんなふうであり、真衡の時代になってどう変わったのであろうか。

そのことについても、『後三年記』は、かなりはっきりした説明を与えている。すなわち、真衡には子がなかったので、海道小太郎成衡という者を養子とし、その妻に常陸《ひたち》国の多気《たけ》権守《ごんのかみ》宗基《むねもと》の孫娘を迎えることにした。この女性は源頼義が宗基の娘との間にもうけたものである。そのような祝儀にあたっては、「地火炉ついて」と呼ばれる饗応《きょうおう》の行事がある。食い物はもちろんであるが、金銀・絹布・馬鞍など、各種の贈り物をする。出羽国の一族の吉彦《きみこ》秀武《ひでたけ》という者も、その「家人のうちに催されて、このことをいとな」んでいた。朱の盤に金をうず高く積み、目の上に高くささげて庭にうずくまっていたのに、囲碁に夢中であった真衡は、かえりみもしなかった。秀武は思った。「自分はまさしく清原一家のものである。果報に運・不運があって、主従のふるまいをするようになっただけだ。それなのに、老いの身にこうも心をこめて奉仕しているのを見てもくれぬとは情ない」。

はらにすえかねた秀武は、金は庭へ投げすて、持参した飯・酒は従者に与え、そのまま本国に帰ってしまった。

あとでこのことを聞いた真衡は、おおいにいかって、諸郡の兵を催してこれを攻めるということになって、大騒動になった。

事件の発端は、このように説明されている。この秀武は、『後三年記』でもふれられているように、「前九年の役」では、清原一万の軍勢の第三陣の押領使《おうりょうし》に任ぜられた人で、武則の甥《おい》で、かつその聟《むこ》であった人である。「前九年の役」では武則の子武貞と並ぶ清原指導部のひとりであった。それが、自分の子どもぐらいの年の真衡に対して、まるで家内奴隷のように仕えなければならない事態に変わってしまっていたのである。

❖果報の勝劣

何がそのような変化をもたらしたのであろうか。『後三年記』は、それについては、まずこう説明する。

「真衡には富有（富裕）にまかせて奢《おご》り、分に過ぎた行ないがあったので、一族であるのに郎従となってしまった者たちの深い恨みをかい合戦となった」。

ここでは「富有の奢、過分の行跡」といっているが、それは、どちらかというと、「後三年の役」という大事をひきおこした結果から、真衡を筆誅《ひっちゅう》している面が強い。これは、一族ながら、それをみな従者として従えてゆく強力な支配を非難したものと考えるべきである。事実、本文では、次のようにいっている。

真ひら、威勢父祖にすぐれて、国中に肩をならぶものなし、心うるはしくして、ひがごとをおこなわず。国宣を重くし、朝威をかたじけなくす。これによりて、堺のうちをだやかにして、兵おさまれり。

これだと、真衡は、徳望の高い理想的な名君であって、悪政などまったくなかったことになっている。そうすると、「富有の奢」とか「過分の行跡」とかいわれたのは、何をさしていたのであろうか。「威勢父祖にすぐれて、国中に肩をならぶるもののないこと」。この事実そのものが、客観的に「奢」であり、「過分の行跡」であったのであった。なぜなら、その「威勢」によって、一族でありながらも、みな従者の礼をとらなければならないようになったからである。そのことは、当の吉彦秀武がよくいいあてていた。

「われまさしき一家の者なり。果報の勝劣によりて、主従のふるまいをす」。

何がそのような「威勢」「果報」を真衡に可能ならしめたかは、説明されていない。しかし、ある程度、想像できなくはない。

まず第一に、祖父武則・父武貞以来の勢望が、三代目を迎えて、体制的に強化されるにいたったことが考えられるであろう。

第二に、かれは、祖父武則についで、鎮守府将軍に任ぜられているのではないかと思われるので、公権によるその支配の強化が一段と増してきたことがあげられよう。

第三に、「国宣を重くし、朝威をかたじけなく」して、その支配がよく行なわれたとされているが、これは、真衡の政治が、公権との協力を慎重にはかり、それによって、公権をうしろだてに、なかば公的な保証をえるようになっていたことを示している。

こうして、真衡の権力が、すべてを上から見おろすようになって、同族の抵抗を誘発することになったのである。

❖三日厨

出羽にのがれた吉彦秀武は、陸奥国にいる清衡・家衡に檄《げき》をとばし決起を促した。

真衡にかく従者のごとくしてあるは、そこたちはやすからずはおぼさずや。思はざるほかのことといできて、勢をふるひて、すでに我もとへよするなり。そのあとに、そこたちいりかはり、かの妻子をとり、家をやきはらひ給へ。さて真衡をやうやくかたぶくべきなり（そうして真衡を打倒することもできる）。

清衡・家衡はよろこんで兵をおこした。そして真衡の館へ襲いゆく途中で、胆沢郡の白鳥村（岩手県奥州市前沢区。古代胆沢城付属駅所在地）の在家（農家）四〇〇余軒を焼きはらって気勢をあげた。急を聞いて真衡は、途中から引き返してきた。清衡・家衡も、真衡とまともに組んではかなわぬと考えて撤兵したが、真衡はここに腹背に敵をうける苦しい立場に追いこまれた。

一〇八三年（永保三）の秋、源義家が陸奥守に任命されて、にわかに奥州に下向した。義家陸奥守任命の事情は明らかでないが、「前九年の役」の頼義の例からして、風雲急な奥州に、

「天下第一の武勇の士」の誉《ほま》れがあり、かつ現地にも深い経験のある義家を特派するための人事であったろう。

ちょうど安倍頼時が源頼義に対してそうしたのと同じような饗応《きょうおう》の儀式を、真衡も行なった。それは「三日厨《みつかくりや》」と呼ばれるものである。地元どうしでは「地火炉ついて」という名で行なわれていたものを、地元の、新司に対する儀式に置きかえた忠誠表明の儀である。毎日上馬五〇頭の献上を含むおびただしい財宝の贈り物が続けられた。こうして真衡と義家との間には「紳士協定」が成立するのである。

❖事問わず

奥にもどった真衡は、ふたたび秀武征討の途についた。すかさず清衡・家衡はまた真衡の館に押し寄せた。そのとき、義家の郎等の兵藤大夫正経・伴次郎助兼というふたりが、奥郡の巡見に来ていた。真衡の妻は、使者をやって、こう申し入れした。「真衡が秀武追討に発向している間に、清衡・家衡が攻めて来て、戦いになっている。館の兵は十分だから守るに心配はないが、女の身として大将軍の器でない。おいでいただいて、大将軍になって指揮をとり、その様子を国司義家にも報告ねがいたい」。

これは、本来、中立の立場に立って、紛争の防止につとめなければならないはずの国司に、じょうずに真衡側に立っての参戦をもちかけたものである。もちろん、それによって、正義の御旗《みはた》をかかげ、そのうえ、義家の大軍によって、労せずして反乱を鎮定するという、一石何鳥もの効果をねらったものである。奥の女性には政治家が多い。血の気の多い坂東武者はすぐにこの「大将軍」のワナに引っかかった。正経・助兼のふたりは、これを聞いて「事問わず」真衡の館へ乗りこんできて、清衡・家衡と一戦を交えた、というから、待ってましたとばかりとびこんだのである。

内訌は、ここから質を変えてきた。国司が内訌に介入することによって、戦闘はいまや公権に対する反乱、という性格のものになってきたのである。ただし、それは、義家もしくはその部下の判断による行動である。政府は出兵を命じていない。だから、これは国司が「私戦」を開始したものであると、朝廷は認定した。乱が終わってもまったく恩賞もなく、義家の陸奥守が解任となるのも、このためである。そうすると、正経・助兼が「待ってました」とばかりに戦争にとびついたのは、ふたりだけの軽率からではなしに、むしろ義家の意をうけて介入の名分をさがしていたからとも考えられる。真衡やその妻は、それを知って水を向けたものであったかもしれない。

そうすると、ここでは一見さりげない形で、内では虚々実々のかけひきがなされていたことになる。清原にしてみれば、うっかりすると源氏の下風に立つ危険をはらむし、義家にしてみれば、朝敵すれすれのきわどい綱渡りにもなりかねない。事実、この乱は、清原・源氏、双方にそれぞれのお家事情をかかえながら、全体としては、清原・源氏両氏が、はげしく武門の棟《とう》梁《りょう》権を争う、乾坤一擲《けんこんいってき》の大勝負となるのである。そして、結果は、とも倒れになる。清原は源氏の軍事力に敗れて滅び、義家は朝廷の政治の力に敗れて、勝利を放棄せしめられる。そのなかで清衡ひとりだけがじょうずに立ちまわって、その戦果をひとりじめしてゆく。

後三年の役

❖中原康富記

清原の内訌は、国司義家の介入によって、一転して、源氏と清原の戦い、公権に対する現地の反乱、という様相を呈してきた。源氏の戦いとして「後三年の役」ということばが用いられるのであるから、ここから固有の「後三年の役」となる。ところが、そのことを書いた『奥州後三年記』は、義家参戦のところからかなり長い箇所、本文が欠けている。すなわち、義家参戦の次はすぐ、義家が家衡と戦って負けたのを聞いて、叔父《おじ》の武衡が家衡に味方する、というくだりに続いているのである。また、この間に、吉彦秀武は、義家の顧問格に転身している。

その欠けた部分を別記録から復元されたのが、三浦周行博士であった。その論文は『日本史の研究』という著書に「後三年の役」として収録されている。それによると、室町時代のお公家のひとり、中原康富という人の日記の文安元年（一四四四）閏《うるう》六月二三日条に、この人が『後三年絵詞《えことば》』を見て、それを要録したものがのせられている。三浦博士はそれを紹介されたのである。それによって、現行『後三年記』の空白がうめられることになったのである。その間の経過は、こうなる——

正経・助兼らは、二つ返事で真衡の館に入城して、清衡・家衡らと戦ったが、大勢は不利であった（真衡の妻が言ったのとだいぶ事情がちがう）。そこで義家は精鋭をひきいて、みずから陣頭に立った。義家は清衡・家衡ふたりに最後通牒をつきつけてきた。「退くか、戦うか」。清衡も家衡も退くといって、撤兵しようとした。すると、清衡の親族の重光というものが、抗戦を主張して、こう言った。

一天の君といえども恐るるところでない。まして、一国の国司ごとき、なんだ。すでに戦闘になっているのだ、戦うよりほかない。

のちに、これと同じことを、奥州征伐に向かおうとする陣中で、梶原景能《かじわらかげよし》という武士が、頼朝に進言して、勅許なしの征討にふみ切らせたことがある。このような、古代の天皇支配の原理に代わる、いわば「武者の論理」を、明快に言い切る部下をもつようになっている点で、清衡はすでに「奥の主」になりうる地位を固めつつあったといえよう。

義家と真衡の連合軍に、清衡・家衡軍が勝てるはずがなかった。ふたりはひとまず降伏した。義家はこれを許した。たまたま出羽に向かっていた真衡は、途中で病気のため急死した。そこで義家は六郡を二つに分けて、三郡ずつを清衡・家衡に与えた。ところが家衡は、しきりに兄清衡のことを義家にあしざまに言った。義家はとりあわないばかりか、逆に清衡を重用した。それで家衡は、清衡が太守としめしあわせて自分をおとしいれるものとさかうらみして、清衡の館に同宿したとき、火をかけてこれを焼き殺そうとした。清衡は危険を察知してあやうく脱したが、妻子たちはみな殺された。

清衡は事情を義家に訴えた。義家は数千騎をひきいて、家衡の本城、出羽国の沼柵《ぬまのさく》（秋田県横手市）を攻めた。しかし大雪にあって、利を失い、飢えと寒さにあって大敗した――

家衡が清衡を中傷し、逆に清衡が義家と結び、義家もまた清衡を信頼し重用したのは、なぜであったか。もちろん、問題の根底には、清衡における「一の人」への底流がある。真衡の道は、清衡の道でも家衡の道でもあった。だから「一の人」には残りのみんなが結束して戦って、それぞれに「一の人」への道の可能性を追求する、義家はその分裂を利用して棟梁権を扶植する――そういう基本の対抗関係が根底にあったことは、否定できない。しかし、直接の原因としては、おそらく清衡が真衡なき後の清原の「一の人」＝惣領《そうりょう》として扱われ、それが家衡を反

「後三年の役」合戦絵巻（東京国立博物館蔵）

発せしめ、それを支持する義家をも敵にまわすにいたる事情が考えられるであろう。そして、この段階で、清原に対する義家の鋭鋒を、家衡・武衡ら清原主流に集中させ、みずからは別種の清原である、という方向を政策的に打ち出してきた清衡は、なかなかの曲者《くせもの》である。清原清衡から藤原清衡への転換は、こうしておし出されてくるのである。

❖武衡と義光

沼柵の敗戦は、敵味方に衝撃を与えた。まず、清原方では、これまで中立の立場をとっていた武衡が、総力をあげて家衡を助けて、参戦することになった。「義家の名は、むかしの源氏・平氏の名をはるかにこえている。その義家を一日でも追いはらったというのは、清原の面目である。これからは、ともども合戦することにしたい」。そう言って合流した。ふたりはあらたに、金沢柵によった。武衡は清原の中立を保っていた一族の後見役格であった。今や全面戦争への突入である。

源氏の側では、義家の弟義綱が官使として出羽に派遣されるというはなしがあったが、これは沙汰《さた》やみとなった。三郎義光が左兵衛尉の任を辞して、兄を助けに奥州に下向したいと願い出たが、許されなかった。源氏の兄弟が共謀しての私戦のように、朝廷では評判が立つほどになっていたのである。義光はかってに官を辞して奥州にくだり、義家を助けて戦った。鎌倉権五郎景正・伴次郎助兼ら義家麾下《きか》の武士たちもここを先途《せんど》と奮戦したが、城はかたくて抜けなかった。数万の軍勢が秋九月、金沢柵を目ざして行進中、雲の上を行く雁の列が、急に乱れたことがあった。馬上にこれを認めた義家は、兵を出して、野のしげみを探索させた。はたして、草むらのなかには、三〇余騎の伏兵がひそんでいた。義家は、兵法家の大江匡房《まさふさ》に兵法を学んだことがある。「兵、野に伏する時は、雁、列《つら》を破る」。兵法書には、そうある。義家はその道に学んで、難をのがれた――そういう逸話もあれば、剛臆《ごうおく》の座《ざ》、というのを設けて、勇者を賞し、臆病者を励ましたはなしも伝えられている。激闘日を重ねたが、さすがに清原の総力を結集した牙城《がじょう》である金沢柵はゆるがなかった。冬将軍が、もうそこまできていた。

❖ワキの英雄

「退くか、戦うか」。義家の最後通牒は、おそらく清衡・家衡に対してとともに、吉彦秀武にも送られた。秀武は清原の独裁制とたたかっていた。義家とたたかおうとしていたのではない。かれは清衡らとともに降伏した。そして清衡とともに、忠実な義家党となった。清原のことは、隅《すみ》から隅までわかっていたこの老将は、「金沢柵はこうなれば、持久戦にもちこみ、遠巻きにして、兵糧攻めにするより手がない」と進言した。義家もこの献策に従った。厳重な包囲網がしかれた。二方は義家が、一方は義光が、そして残る一方は清衡と重宗（おそらくかの重光の一族であろう）が、指揮をとって固めた。清衡は攻め手の「三の人」になっている。昔の戦争は悠長なものだ。退屈しのぎというので、おたがい勇者を出しあって、わざくらべをし、士気を鼓舞するというようなこともあった。家衡のめのと子（乳母の子）千任《せんとう》という者が、櫓《やぐら》の上から大音声《おんじょう》に、「頼義が武則に従者の誓いをしたのに、それを攻めるのは主にそむくものである」とののしったのも、このときであった。しかし、そのときは、城の運命は目前に迫っていた。兵糧がつきてきたのである。

武衡は、義光を通して降伏を申し入れた。義家が無視すると、武衡は、「ともかく城中に来てくれ、そのお供して命乞いしたい」と言ってよこした。義光はその「ねんごろなることば」にほだされて行こうとすると、義家は、「大将ともあろうものが、そのように軽はずみでどうする」と、きびしくしかって許さなかった。そこで義光は、郎等の季方《すえかた》というものを代理でつかわした。季方が城中にはいると兵士たちがやりぶすま、刀の林をつくって迎えた。季方はその間をかいくぐるように進み、武衡に対面した。家衡は隠れて出てこなかった。武衡は「なんとか助けてくれと義光殿にお伝えいただきたい」と懇願して、金を多く取り出して与えようとした。季方は、

城中の財物、今日給わらずとも、殿原おちたまいなば、われらが物にてこそあらんずれ。

と言って、取らなかった。また、武衡が大きな矢を取り出して「これはだれの矢だろうか、この矢がくるごとにかならずあたる。あたればかならず死ぬ」と、たずねた。季方は矢を見て、「これは、わたしのものです」。さて、座を立つとて季方はあたりをながめて言った。

もしこの私を人質にとろうとお思いならば、ただ今ここで、自分をどうにでもしてくれ。出る途中でたくさんの武者のなかに囲まれて、変なことになっては困るから。

さすがに武衡も一方の大将である。そんなことはないから、お急ぎ引き取り願いたいと言って帰した。前のように、兵のなかをかき分けて出る季方は、ほほえみさえ浮かべていた。刀の束《つか》に手をかけたまま、ふだんとすこしも変わるところがなかった。

こうしてみると、清衡の親族重光といい、この義光の郎等季方といい、どうもシテの英雄よりもワキの英雄の方がしっかりしているようである。こういう人たちが、武者の世界を底辺からささえて、新しい歴史を開いていったのである。

❖最後の勝者

秋から冬にかけての包囲陣は、一一月にはいってついに寒《かん》を迎えた。去年のようであったら、もう大雪になっているところである。ことしもまたそうなって、飢えと寒さで死ぬよりほかあるまい——野営が何か月も続いた将士たちは、泣く泣く形見の品を、国府の妻子のもとへ送ったりした。そのときはしかし、城中はさらに深刻な飢えにあえいでいた。一〇八七年（寛治元）一一月一四日、金沢柵はついに落城した。武衡は池のなかにとびこみ、水のなかに沈んで草むらに顔をかくしているところをとらえられた。例の宣伝屋の千任も、いけどられた。家衡は、花柑子《はなこうじ》という六郡一の愛馬を自分の手で殺して、下司《げす》のまねをして落ちのびるところを、県《あがた》小次郎次任に射取られた。

武衡は、義家の面前に引きすえられた。源氏を清原の従者だとののしらせた張本人である。義家は、「今もそう言えるか」。声もあららに叱責した。武衡は泣く泣く、ただ一日だけでも助けてくれと願った。いよいよ斬られる段になっても武衡は、居合わせた義光に目くばせして、なんとか助けてくれと哀願した。義光はこれを助けるように、義家にとりなした。義家は断固としてこれを退けた。「降人というのは、戦場をのがれ、人の手にかからないで、のちにとがを悔いて参るものをいう。武衡は戦場でとらわれて、しかもかたときのいのちをおしむ者だ。

こういうものは降人とはいえない」。
これは、義家のいうのが筋である。義光は、あるいは武衡からだいぶ鼻薬をかがされていたのかもしれない。「武士の情《なさけ》」というにしては、義家がいうとおり「礼法」を知らなすぎるように思う。季方のほうがはるかに道にかなっている。千任も呼び出されて、「先日のように、今もここで言ってみよ」と責められた。そして舌を斬り、木の枝につるし、その下に武衡の首を置かせ、これをふませた。これは「礼法」ではあるまい。

このようにして、武衡・家衡をはじめとして、清原のおもだったもの四八〇首が、義家の前にならべられた。義家はさっそく国解《こくげ》をもって、このことを報告した。この謀反《むほん》は、貞任・宗任にすぎている。「わたくしの力」をもってようやく討ち平らげることができた。早く追討の官符をたまわって、首を京へ送りたい――そういう趣旨であった。しかし、これで明白なように、この戦争は、公けの指示のないまま、私の戦いで終始した。朝廷では、これは「わたくしの敵」であるから官符は出せない、と回答した。義家の悪戦苦闘は、結局「私戦」と烙印《らくいん》をおされた。したがって、なんの恩賞もなかった。翌年正月には、もう義家は陸奥守を解任されている。そして現地を離れた。

義家は、勇者としての名を東北のすみずみまで植えつけた以外に、ここになんらの支配の歴史も残すことができなかった。清原は義家の「私の敵」であるとされた。したがって、この戦争は私戦である。義家は罪人として法律的に処分されなかっただけで、事実上は処分されている。なんの恩賞もなく、官符も給わらず、国守を解任されていることで明らかであろう。

このようにして、「後三年の役」は、喧嘩両成敗、ということになった。義家も「私戦」の烙印をはね返せないようでは、何も言えない。清原は全滅し、勝者はその成果を放棄させられ、現地から召喚された。東北にはこの結果、一種の政治的真空状態が現出する。それを埋め合わすことのできるものは、もはや朝廷でもない。国府でもない。かれらには、そういう力がないから、こういう事態にもなったのである。とすれば、その力を持つものは、現地に根ついた武力、在地の政治、しかない。

藤原清衡の歴史は、このようにしておし出されてくるのである。

平泉の開府

豊田の館主

❖第三の政治

中尊寺金色堂には、この堂宇《どうう》が、今からおよそ九〇〇年前、天治元年（一一二四）八月二〇日に建てられたことを示す棟木《むなぎ》がある。それには、この工事全体を指揮した人は山口頼近という人で、大工棟梁は物部清国という人であったこと、小工一五人、鍛冶二人がその下にいたこと、などをしるして、いちばん下に、こう書きとめている。

大檀散位藤原清衡　女檀　安部氏　清原氏　平　氏

大檀はこの寺の施主《せしゅ》すなわちスポンサーの意味、女檀はその女施主をさす。この寺が、清衡を本願とし、安部・清原・平氏出の女性たちのもろもろの願いをもあわせ建てられたことを示すものである。

この女性たちは、もちろん、清衡に近い関係にある人たちばかりである。最後の平氏は清衡の正妻に当たる人である。安部氏というのは母になる人でないかと思うし、清原氏というのも、それに近い女性で、かれの姉妹になる人もしくは妻のひとりにあたる人であろう。

これは、藤原氏という家がらそのものが、安部氏・清原氏およびその他の東北在住諸氏（平氏はそれを代表する）の総合として、それらの上に成立したことを物語っているように思われる。

たしかに、藤原までの道は長かった。まず、清原の支配があった。その前には安倍氏があった。安倍氏には八世紀にも九世紀にもさかのぼる蝦夷の意志、俘囚の願望――そういったものが流れこんでいた。藤原一世紀の歴史は、東北古代史のそのようなさまざまな流れをすべてのみこんで、ここに一つの古代の安定をもたらした湖のような歴史であった。

そのことをもっともよく示しているのは、奥六郡と藤原氏との関係である。安倍氏と清原氏の族長としての根本を定めたものが奥六郡支配であったことは、すでにくりかえして述べたとおりである。安倍頼時は「奥六郡の司」であった。清原武則はそれに代わって「六郡の主」となった。真衡の所領も六郡とされ、その死後の支配は、清衡・家衡に三郡ずつに分けられたとあるから、清原の所領もあくまで奥六郡であった。こうして、家衡の古今の名馬ということも、「六郡第一の馬」といういいかたがされている。六郡がかれらの世界であったからである。

文献は、藤原氏についても、まったく同じいいかたをしている。『吾妻鏡』文治五年（一一八九）九月二三日条には、「清衡は、継父武貞が死んだ後、奥六郡を伝領した」とある。武貞の遺領は、いったん真衡にうけつがれ、清衡は「後三年の役」後、清原の全遺産相続者となるのであるが、長い目で見ると、武貞から清衡へ、清原の正系が移ったといっても、そう誤りではあるまい。その清原から藤原への移行が「奥六郡の伝領」とされているとすれば、藤原の領主権力の本質を定めたのも、奥六郡支配であったことになる。

その関係は秀衡・泰衡になっても同じであった。源頼朝は、秀衡に手紙を与えて、「御館《みたち》（秀衡）は奥六郡の主」と呼んでいるし、泰衡がなくなった文治五年九月三日の略歴記事にも「奥六郡を管領《かんれい》す」とある。

藤原氏が、安倍氏・清原氏をうけた「第三の政治」であったことが知られよう。「奥六郡の主」は、つまり「蝦夷の主」、「俘囚の司」である。藤原氏は、こうして、在地の長い伝統のしんがりとしての安定を意味したのであるが、しかし藤原氏の歴史は、単なる「俘囚主」、単なる「奥六郡管領」にとどまるものではなかった。すでに清原氏は、鎮守府将軍というような公権によって、しかも奥羽にまたがるような支配の歴史を開きはじめていた。藤原氏は、それをさらに大規模に継承・拡大して、一つの政権と呼びうる体制支配におしひろげてゆく政治だけではない。中尊寺・毛越寺・無量光院のようなすばらしい文化まであわせもっている。藤原氏は、東北古代の在地世界がもちうるすべてのものに、都の貴族的なものまで含めてあわせもったという点で、東西二つの日本の融合というようなものをも意味したのであった。

❖江刺郡豊田館

安倍の血をうけ、清原の家に育ち、結局は安倍と清原の跡目《あとめ》にそなわった清衡であった。奥六郡に居をすえて、長い戦いのいたでから立ち上がること――なによりもまず、そのことが新しいあるじとしての清衡の責任でなければならなかった。それはヒューマニズムというような感傷でも、また権力者が上から威福《いふく》として行なう恩恵というようなものでもない。奥羽の、とくに奥六郡の底をついた荒廃とともに育ち、その責任を分かたねばならない者として、支配の座についた清衡にとっては、天のいましめに聞き、地のいかりに聞く、というような厳粛な使命を意味したのであった。平泉文化の精神、とくに中尊寺創建のこころといったようなものは、このあたりからたどられなければならないと思われる。

さて、そのような再建の仕事に、清衡が立ち上がったのは、三三歳のころ、「後三年の役」

豊田城趾碑（岩手県奥州市江刺区）

の終わった翌年、一〇八八年（寛治二）ころからであろう。金沢柵の落城じたいが一〇八七年一一月、義家がその大功にもかかわらず、私戦のゆえをもって解任され、新任国司藤原基家と交代するのが翌年正月二五日である。清衡が羽をのばせる条件は、その年の春ごろからしかととのわない。

　まず、かれはどこにいたのであろうか。それは、岩手県奥州市江刺区岩谷堂字餅田《もちだ》の豊田館というところである。そのことは、『吾妻鏡』文治五年（一一八九）九月二三日条に、清衡は「去る康保年中、江刺郡豊田館を岩井郡平泉に移す」とあるので、明らかである。ただ、その時期を「康保」としたのは誤りである。康保は清衡より一五〇年ほど前の年号である。これは、「嘉保」か「康和」の誤りである。一般には嘉保（一〇九四〜一〇九六）の誤り、と考えているが、わたくしは康和（一〇九九〜一一〇四）の誤りとしたらよいのでないかと考えている。

　その位置は、胆沢城の東、北上川の対岸、河岸段丘上にあり、鎮守府の東を固め、もしくは扼《やく》する、という構えである。その所在地岩谷堂《いわやどう》は、藩政時代にも、伊達藩の辺境として、南部藩の東南部にあたる閉伊郡方面に備えた要衝であった。古代でも、事情は同じであったと考えてよい。

仙台藩でその豊田館址とされているところに「豊田城趾碑」というのを建てている。それによると、この館は、清衡の父経清が築いたところで、清衡は、「後三年の役」後、ここに移ったとされている。もしそのようだとすると、豊田館こそは、藤原氏創業の地、ということになる。経清がこの城を築いたかどうかは明らかでないが、清衡の豊田館移住は、「後三年の役」前、おそらくその成年と同時であろう。推測が許されるなら、父武貞がなくなり、清原の支配が、異母兄真衡に移った時あたりと考えることができる。当然、母とともに移ったであろうが、もし豊田が経清ゆかりの地であるとすれば、豊田移転は、むしろ母が清原本宗を離れられる時期、そしてこれは歴史以上の空想のうえでのことであるが、かの女が今はもう公然と、ふたたび経清未亡人としての意志を表明できるようになった時期、をそれにあててみるのが、わたくしには具合よく思われる。それは、武貞逝去の時以外なかろう。武貞は、「後三年の役」よりかなり前になくなっている、と思われる。それとともに、真衡の専制支配が進行し、清衡も「外の人」になったほうが安全な事態になってきていたのである。

❖奥州一の人

豊田館時代に、清衡がどういう政治を、どう行なったかは、まったくわからない。ただ、戦後四〜五年にして、奥州の現地を代表する者としての地位がもう揺《ゆる》ぎないものになったことは、たしかである。本人もそういう自覚に立つにいたっているし、周囲もまた、その事実を承認するにいたっている。

それは、こういうことで証明できるのである。清衡のころ、都で関白という朝廷の最高の地位にいたのが、藤原師実《もろざね》という人である。その師実の子で、のちには同じく関白になる人に後二条殿と呼ばれる師通《もろみち》という人がいて、『後二条師通記』という日記を残している。その日記の寛治五年(一〇九一)一一月一五日のくだりには、「清衡が馬二疋《ひき》を関白師実に進上した」という記事がある。これは、清衡が中央の歴史で話題になる最初である。そこでまず、どういうことが書かれているか、紹介してみよう。

盛長という人が、関白の使者として、自分(師通)のところへ来て、奥州の住人清衡が、馬二疋進上したことを報告した。それによると、文筥《ふばこ》(文箱)を開けて見たら、二通の解《げ》文《ぶみ》(下から提出する政治向の公文書)・申文《もうしぶみ》(申請書)がはいっていた、ということであった。

さらに、現在伝わっているこの本には、朱筆の書き入れがあって、

清衡始めて馬を殿下(関白)に貢す。

とある。これは、清衡もしくはその子孫の基衡・秀衡たちが、そののちも馬を摂政・関白に献上するようになっていたことを知ったうえで、そのような接触のはじまりがここにあることを、

あとでとくに注意したものである。清衡の摂関家との接触がこのときが最初であることは、本文に清衡について「陸奥の住人なり」とわざわざ注記していることでもわかる。

いったい、このことは、どういう意味をもったものであろうか。

まず第一に、摂関家などという高貴な朝廷首班に、じかに接触できるというのは、当時としては、国司級の扱いである。単なる土豪には、そういうことは許されていない。

第二に、当時、東国や陸奥国は、その特産の名馬を朝廷や貴族に献上する形を通して、その支配に忠実に服するという、一つの従者儀礼をとっていた。それは古く「馬飼《うまかい》」と呼ばれ、当時は「駒牽《こまひき》」という行事に示されていた伝統である。清衡は、今、正式に摂関家と、そういう政治関係を結んだことを意味する。

第三に、貢馬とともに、清衡は、政治向きの書類や申請書のようなものも提出している。これは、かれが、摂関家となかば公的な政治的接触を保ち、経済的にも取り引きする人として立ち現われていることを意味する。

これだけのことがわかってくれれば、清衡は、陸奥国司もしくは鎮守府将軍に準ずるところの在地豪族として扱われている、と考えなければならない。基衡はのちに「在国司」(現地国司)と呼ばれるが、そのような事実は、すでに清衡がつくり出していたのである。

もちろん、そのような支配が、まったく平和的につくり出された、ということは考えられない。この貢馬のあった翌年、清衡は、国司藤原基家の制止命令にもかかわらず、合戦を企てているというので、事が太政官にもちこまれ、朝廷で議論になったことが、『中右記《ちゅうゆうき》』という本に見えている。これは、国司との戦いではないから、かれがその勢力を拡大する過程で、他の在地豪族と争ったことをさすのであろう。それにしても、国司などではどうにもならない現実であった。朝廷も、ただつじつまがあうように配慮しているだけである。根本にある事実そのものの曲直を追及するというような構えなど、すこしも見当たらないのである。「奥州一の人」への道が、清衡の前に大きく開けてきている証拠である。

四神相応

❖竜虎宜しきに協う

中尊寺が建立されたときの清衡の「供養願文」には、中尊寺の土地について、次のように述べられている。

高きによりて山を築き、窪《ひく》きについて池を穿《うが》つ。竜虎宜しきに協《かな》い、即《すなわ》ち是《こ》れ四神《ししん》具足《ぐそく》の地なり。

中尊寺遠景（平泉町）　アフロ提供

これは、中尊寺の寺地が、北に山を負って高く、南は低く池になっている地相について、いったものであるが、それは同時に平泉の土地そのものについていったものでもある。それなら、「四神具足」とは、どういうことであろうか。

二代基衡の建てた毛越寺金堂円隆寺には一二二四年（貞応三＝元仁元）製作の大鐘があったというが、今は伝わってない。『平泉志《へいせんし》』という平泉の歴史を書いた本には、その鐘銘がのせられている。それには「左は青竜《せいりゅう》、東に河が流れ、右は白虎《びゃっこ》、西に大沢がある。前は朱雀《すざく》、北森があり、後は玄武《げんぶ》、山岩《やま》がある」というふうにまずいって、こう銘文があったという。

寺名は円隆、奥州の中に建つ。白虎西を走り、青竜東を翔《あまが》く。玄武遍《あまね》く列《つら》なり、朱雀方《まさ》に沖《ふか》し。

これは、毛越寺ないし円隆寺のある平泉の地が、みちのく中央の瑞相《ずいそう》の地であったことをいったものである。「四《し》神相応《しんそうおう》」というのは、東に河、西に大道、南は湿原、北は山の地相をいい、それを中国の縁起のよい鳥獣である青竜・白虎・朱雀・玄武の四神に配したものである。平安京などもその「四神相応」のゆえをもって、千年平安の楽土とたたえられたのであった。平泉の土地も、東は北上の大河をひかえ、西には多賀より胆沢に向かう大道が走り、南は広く低湿地が開け、北には衣川関の深い関山を負って、おのずからみちのく中央の王者の地相を示していたのであった。「四神相応」とか、「小京都」とかいうのは、藤原氏が、ここに都市を開いてから、そういったという感じが強かろう。しかし、清衡が「後三年の役」後一〇年前後して、江刺郡豊田館から平泉に居を移すときには、はっきり、東北の王者として、その中央に君臨する、という自覚があったのである。

『吾妻鏡』文治五年(一一八九)九月一七日条には、平泉の僧侶たちが、落城後の平泉の保護を求めて、頼朝に提出した請願書がのせてある。そのなかには、次のようにある。

清衡は六郡を管領した最初に、中尊寺を建てた。まず、白河関から外《そと》が浜《はま》(青森県津軽半島陸奥湾岸)まで二〇余日の行程である。その道に一町ごとに笠卒塔婆《かさそとば》を立て、陸奥国の中心を計って、その山頂に塔を立てた。

これによれば、「中尊寺の土地、つまり平泉の土地は、白河から外が浜にいたる広い東北のちょうどまんなかにあたる土地である」というのである。白河から平泉まで一〇余日、平泉から外が浜まで、また一〇余日。たしかに東北のまんなかの地である。これは、今日の国道四号線ではかっても、ほぼ同じである。すなわち、白河―平泉間二六五キロ、平泉―青森間二八九キロである。ただし、平泉―青森間では、野辺地《のべじ》―青森間四三キロほどが迂回になるので、それを考慮すると当時の誤差まで含めて、だいたい等距離になる。

すなわち、清衡は、みちのくの中央の位置という計算に立って、平泉の土地えらびをしたのである。それは、みちのく全体を支配する者としての自覚のもとに、平泉の土地が選定されたことを意味する。平泉はその意味で、王者の都の瑞相を示す土地がらであったのである。

❖関の南へ

地理的に東北のまんなか、というのは、かならずしも、政治的に中央、を意味しない。しかし、清衡の平泉進出は、歴史的に、重要な中原進出、ないし新しい中原観念の創造、を意味したのであった。

安倍氏の反乱を問題にしたとき、それは「衣川の外に出る」ことにおいて侵略行為とみなされた、という意味あいのことを言った。衣川は、奥六郡と内郡とを境していた川である。安倍氏の支配は、この奥六郡およびその延長としての「郡外の奥」に限られていた。その居館も、衣川館・鳥海柵・黒沢尻柵・厨川柵など、すべて「奥六郡の内」にあった。安倍氏の本拠衣川館は、胆沢郡の南端、衣川関近くにあり、事実上は衣川の南への進出を志向している位置であるが、やはり、衣川の北、奥六郡の内側である。反乱が衣川関を閉《と》ざす形でなされたのは、こうしてその支配が、関の北の支配としてあったこと、によったのである。

平泉は、衣川およびその関の南に位置する。中尊寺のある山は関山《かんざん》と呼ばれ、広い意味では衣川関区である。その点では衣川館と同じような位置関係にある。にもかかわらず、衣川館と平泉館との間には、歴史的に見て、決定的なちがいがある。それは、関の北に位置する衣川館は、関の南も志向するにもかかわらず、いぜんとして奥六郡統治の府であるのに、平泉館は、関の南に位置することによって、もちろん、奥六郡も支配するにしても、力点は、六郡を背景にしての関南支配に向けられているという点にある。安倍氏では「侵略」とされた「衣川の外の支配」が、平泉ではその存立の前提とされていること、にある。

平泉は、そういう新しい政治の舞台として歴史に登場する。

もう一つ、重要なことは、藤原氏によって平泉は、あらたに東北の中央という実質的意味をもたされるようになったことである。それは、奥六郡ばかりでなく、さらにその奥の糠部《ぬかのぶ》と呼ばれる岩手県北・青森県東部地域、および津軽（青森県西部）までが、平泉の勢力下に組織されて、陸奥国の中央という観念が、多賀国府から北に移されたことをさす。これは、古代国家＝多賀国府にも存在しなかった「一つの東北」という観念に、平泉が在地勢力として実体をもたせるようになってきたことを物語る。

清衡は巧妙にも、国府や鎮守府との衝突を避けながら、そのどちらもなしとげえなかった国家的課題に、下から解答を出しはじめているのである。

❖平泉の政治

さて平泉に移ってから、清衡がどのような政治を行なったか、詳しいことはよくわからない。平泉に移る前、一〇九一年（寛治五）、関白師実に貢馬した清衡は、平泉に移ってからも、この貢馬による政治のパイプは維持し続けた。師実の子師通は早く世を去ったが、その子右大臣忠実にも、清衡は貢馬している。すなわち、忠実の日記『殿暦《でんれき》』長治元年（一一〇四）七月一六日条には「今夜、陸奥の男清衡が馬二疋を志《こころざし》として贈ってきた」とあり、翌月には、忠実は、その馬をよく検分した、とある。さらに天永二年（一一一一）一〇月二八日にも、清衡から関白になっている忠実へ三疋、その子中納言忠通にも一疋の貢馬があった。これは特別上等の馬であって、忠実はこの日も、一一月三日にもこれを見てよろこんでいる。さらに翌年にも、忠実に六疋の貢馬をした。これと前後して、忠実の奥州諸荘園からも二疋・九疋の馬が年貢として送られている。のちに二代基衡が、摂関家の荘園の管理者になっていることからすると、父清衡もまたそうだったであろう。すなわち、荘園年貢としての貢馬も、実は清衡が管理者として保障していたものと考えてよいであろう。あるいは、その摂関家荘園の成立それじたいが、清衡の寄進、もしくは構立《こうりつ》にかかるものであったかもしれない。

その証拠に、清衡はその死の前年の一一二七年（大治二）、比叡山延暦寺領として、七〇〇町にもおよぶ公領を横領したことがある。国司は新立荘園としてこれを停止しようとした。鎮守の日吉《ひえ》社の神官がこれを阻止して、刃傷沙汰《にんじょうさた》となり、また事が朝廷にもちこまれた。この結着もあいまいであった。「本来、新立荘園として停止すべきであるが、昨年特別大赦令が出ているから、これは制外と考えてよいのでないか」――そういうのであった。これだけの大事《おおごと》にもかかわらず、当の張本人清衡はすこしも問題になっていない。摂関家とか、有力寺社とかいうような権門勢家をかくれみの（本所）にして、その下で国司政治・国衙領をくいものにしてゆく清衡の政策は、着々と効を奏していた。

だから、逆に清衡の利益がおかされたりすると、政府の側のこれに対する保護はきわめていちょうであった。一一二〇年（保安元）、摂関家領の小泉荘の管理者であった清衡から、使者の兼元というものが、不当に金・馬・紙などを責め取ったときには、すぐに事件を検非違使《けびいし》庁《ちょう》に送検して、これを処断させているのである。

このようにして、朝廷や摂関家にちゃんと手をまわしている清衡の「一国押領」体制は、今や天下ご免の事実となってきた。もし立ち上がったら、どうする――廟堂ではそういうことが真剣に論議される事態にまで発展してきたのである。

『古事談』とか『十訓抄《じっきんしょう》』という物語にはこういうはなしがある。大納言の源俊明という人が丈六《じょうろく》の仏像を造ったとき、清衡はその塗料の金箔《きんぱく》用として金を贈った。しかし大納言俊明はこれをつっかえした。その理由はこうであった。「清衡が謀反をおこしたら、その追討使の派遣を決定せねばならぬ身として、このような賄賂《わいろ》など受け取るわけにはゆかぬ」。

清衡の工作はここまですすんでいたのである。

❖平泉政権

清衡当時の確かな記録からあとづけられる清衡の支配の歴史は、およそ以上のようなものである。しかし、後世になって伝えるところによると、清衡は、白河関から津軽の外が浜まで、陸奥国全域に支配を及ぼし、二〇余日行程の南北大路には一町ごとに笠卒塔婆を立てたとも、陸奥・出羽両国一万余の村を支配し、村ごとに寺を建て、寺領を寄付した、ともある。

また、一一二六年（天治三＝大治元）中尊寺が建立されたときの「落慶《らっけい》供養願文」には、次のように述べられている。

今、自分は先祖のおかげにより、あやまって俘囚の長になっている。出羽・陸奥の現地の人たちは、まるで風になびく草のようによく従い、粛慎《しゅくしん》や挹婁《ゆうろう》のような北海の蛮族たちまで、まるで日まわりのようによくなついて、三〇数年間、ことりともしない。

これによれば、すくなくとも、「俘囚の上頭」としての在地支配に関する限り、清衡の支配は、陸奥・出羽全域にわたり、威令はさらに遠く奥蝦夷（アイヌ）方面にもおよんだということになる。鎮護国家の寺として中尊寺を建て、上は天皇・上皇・公卿から下万民にいたるまでの「長久の祈り」をささげる、というような「公の祈り」は、単なる俘囚や土豪には、口はばたくて、口にしうるようなことではない。かれ自身が、事実上公権につらなるもの、もしくはそういう自覚をもつようになって、はじめて口にすることのできることがらである。

この点からも、かれが事実上、国司・将軍の権を行使する者であったことが知られよう。ただ、かれの正式の地位は「押領使《おうりょうし》」と呼ばれる程度のものであったらしい。「押領使」というのは、非常のさいの軍事・警察権の行使をゆだねられた者をいう。平安時代には、武門の有力者が「在庁官人《ざいちょうかんじん》」の一分課として、この職を勤めるようになっていた。「追捕使《ついぶし》」というのも、このたぐいである。武家政権というのは、このような軍事・警察権が一般行政権にまで発展したものである。

藤原氏の場合も似たような関係にあった。鎌倉時代になると、清衡は鎮守府将軍・陸奥守と呼ばれたりするようになる。これは、秀衡がそうであったことに引かれての類推でもあるが、他方で、全東北にわたる事実上の公権支配ということになれば、そうしか理解のしようがない

伽羅御所跡（平泉町）

ところからきた解釈でもあった。

事実、平泉館（柳ノ御所、伽羅《きゃら》御所などと伝えられる）は、一つの政庁と呼びうるようなスタッフと組織とをもつようになっていた。それは、秀衡・泰衡のときに明瞭になって、奥羽の省帳《しょうちょう》・田文《たぶみ》というような公の図田帳のたぐいは、みな平泉館に集積されるようになっていた。であるから、秀衡・泰衡段階の平泉館は、まさしく「奥の政庁」と呼ばれるのにふさわしいものであったのである。当時、その地位およびその施政機関は「奥《おく》の御館《みたち》」と称された。これは、のちに頼朝が「鎌倉殿」、その政庁が「鎌倉幕府」と呼ばれたのに相当するものである。陸奥・出羽両国の行政府機能は平泉館に吸いあげられ、御館が本庁、国府はその事務官庁というような関係になった。国府の留守所《るすどころ》化、というのは、京都止住の遙任《ようにん》国司に対していわれるのであるが、ここでは、京都に対してとともに、平泉に対しても、その留守所化が問題になる。事実、藤原氏滅亡後の、一一八九年（文治五）末から翌（建久元）

年春ごろにかけて大河兼任というものの反乱がおこったとき、多賀国府の「本留守」「新留守」ふたりとも、藤原与党としてこれに加担しているのである。

　この広い奥州に出羽まで含めて、国司公権を代行する政治組織が成立したとすれば、それは一つの地方政権と理解しなければならない。それは「平泉政権」というふうに最近呼びならわされるようになっている。「御館政権」といってもよいであろう。

　平泉館のそのような政庁化の基礎も、清衡が確実に置いたのである。一つの組織的な行政体となるためには、行政事務になれた事務官僚を必要とする。頼朝は、大江広元・三善康信・藤九郎盛長・判官代邦通・中原親能などのような有能な事務官僚を京都から招いて、その幕府の政所《まんどころ》政治を構成した。清衡の場合にも、そういった官僚が京都や国府から呼び下されて、御館行政の政庁政治化をすすめていった。次のような例がある。

　一一一一年（天永二）正月、大政官では書記官の良俊という者が、無断で陸奥国の清衡のもとにおもむいたことが、五位以上畿外に出ることを禁じた法令に違反しないかどうか、問題になっている。これは、朝廷の現職の中級官僚までも、清衡の政治力・経済力にひかれて、平泉くだりをするようになっている例として、注目されよう。

　もっとも、この良俊という者は、そのまま平泉に住みついたのでなく、やがて都にもどり、大隅《おおすみ》国司になっているが、このようにして平泉くだりした人のなかには、そのまま住みついて、文筆をもって、政治をとるようになった者もあった。『三外往生記《さんがいおうじょうき》』という本の「散位道俊」のはなしがそれである。かれは京都の人で、弓矢の道はよくしなかったが、「筆墨」をよくして、右筆《ゆうひつ》として清衡に仕え、生涯を平泉で送ったのである。

このような人たちによって、清衡の御館政治は、一つの「政所」のような家政機関をなすようになったと思われる。中尊寺の経蔵が伝えた文書のなかに、天治三年＝大治元年（一一二六）三月二五日付の僧蓮光《れんこう》経蔵別当補任状というのがある。文書としては、信用できないところもあるが、清衡のもとの家政機関が、政所ふうにととのってきていることを示す点で注目される。それには、俊慶《しゅんぎょう》・金清広《こんのきよひろ》・坂上季隆というような家司《けいし》（私政機関の事務官僚）たちが署名し、その上に清衡の書判《かきはん》がすえられている。これは政所政治の成立を思わせるものである。

こうして、多賀国府のほかに、これに代わろうとする政庁が形成されることになった。これは、朝廷の施設したところにかかるものでなしに、逆にこれと対抗することになる地方の独立政権である。鎌倉幕府というのは、このような地方政権が、全国政権に成長したものにほかならない。蝦夷の世界、俘囚の家がらから出て、そのように歴史の転換を先がける仕事をしているところに、清衡の意義があったのである。

Ⅲ

平泉の世紀

平泉の世紀

在国司基衡

❖三代九九年

清衡が豊田館から平泉館に移ったのを、もし嘉保年間（一〇九四〜一〇九六）とすると、一一世紀最末期のことになる。もしそれが康和年間（一〇九九〜一一〇四）であれば、一二世紀初頭ということになる。かれは一一二八年（大治三）七月一六日、七三歳で死んだ。「供養願文」には「垂拱寧息《すいきょうねいそく》三十余年」（無為にして太平をいたすこと三十余年）とあり、『吾妻鏡』文治五年九月二三日条には、平泉館で「三三年を歴《へ》て卒去した」とある。一一世紀末ないし一二世紀初頭から、およそ三〇年が、清衡の時代である。多賀国府に代わる新しい在地の支配を、かれは「御館政権」として組織しはじめていた。

柳ノ御所跡（平泉町）

清衡が死んだ一一二八年（大治三）には、二代基衡は、二三歳ぐらいであったと考えられる。弟の惟常《これつね》との間にはげしい家督争いを演じ、血でもって二代の座をかちとった。そして、おそらく一一五七年（保元二）のころ、五二歳ぐらいで世を去っている。『吾妻鏡』では、かれも三三年支配したようにいっているのは、平泉支配を百年とみて、これを三代に均等割りしたものである。それにしても、かれの治世もまた、およそ三〇年にわたったことが知られる。この間のかれの支配には摂関の威光も、国司の公権も、まるで歯が立たなかった。「一国を押領して、国司の威なきが如《ごと》し」と称されている。その地位は「在国司」（留守国司）と名づけられていたのである。

基衡の死が一一五七年（保元二）であるとすると、三代秀衡が御館の主権を継承するのは、その三六歳のときである。かれは、源平合戦の動乱期にあっても、よくその武装中立の立場をつらぬき、京・鎌倉に対する第三の勢力としての平泉の勢望と威信を高めた。そして、その「奥州王」の事実にふさわしい正式の地位を、御館主権のもとにもたらした。一一七〇年（嘉応二）五月二五日、四九歳にして鎮守府将軍、一一八一年（養和元）八月一五日には、六〇歳で従五位下陸奥守となった。これは、御館政権に、陸奥出羽含めての自治政府としての独立を、政府が認めたことを意味する。平泉政権の制度的確立といってよいであろう。

鎌倉の迫りくる嵐を前に、平泉の栄光につつまれて、秀衡がこの世を去るのは、一一八七年（文治三）一〇月二九日、六六歳のときであった。すると、秀衡の治世もざっと三〇年である。そのかれの支配も三三年におよび、父祖三代九九年の歴史であったと、『吾妻鏡』は伝えている。

文治五年九月二三日の『吾妻鏡』の記事というのは、豊前介実俊《ぶぜんのすけさねとし》という、平泉側きっての物しりが、頼朝を案内したときの説明をのせたものである。そこに、清衡・基衡・秀衡三代とも申し合わせたように三三年ずつ、三代合計九九年間の治世といっているのには、一つの意味があった。それは、藤原三代の支配をもって、百年というあるまとまりをもったものとして理解しようとする考えである。そして、事実、各代三〇年前後の支配を続けたために、藤原関係者の間では、そのかがやく歴史を「百年史」としてとらえるようになり、いずれまさりおとりのない各代に、仲よく三三年ずつを割りあてたものであったろう。

とすれば、この歴史的理解に即して、「平泉の世紀」といういいかたが可能である。しかも、それは平安末期一二世紀の、ほぼ全期をおおうのである。古代末期の一世紀に、このような時代区分をこころみることによって、東北古代の歴史的位置が鮮明に浮き彫りされるとともに、日本古代史にとって、辺境とはなんであったかをも、あらためて反省せしめるものである。

❖清衡の妻

清衡から基衡への間には、清衡の妻の話題がはさまる。それは源師時《みなもとのもろとき》という人の日記『長秋記《ちょうしゅうき》』大治五年（一一三〇）六月八日の記事に一度のるだけである。しかし、都の人たちにとって、奥の藤原氏がどのようなものとしてうけとられていたかを知るのにかっこうな話柄《わへい》である。

師時のところに治部の某が来ての話である。

先日、陸奥の清衡の長男小館というのと、弟の御曹司との間に合戦があり、兄のほうが弟のために、国の館に攻め囲まれてしまった。それで、兄のほうはたえかねて、子どもたち二〇余人を従えて、小舟に乗って越後国へのがれた。弟はそれを聞いて、陸路これを追った。兄はいったん海上に漕ぎ出したものの風波のために、本国にもどったところを、弟の兵に囲まれて、父子ともに首を斬られた――

これは、清衡の妻が上京しての直話である、と治部は説明した。『長秋記』にはそれより一年ほど前の大治四年八月二一日条にも、おそらくこれにかかわる話がのせられている。それは頭弁《とうのべん》（蔵人頭兼大弁）からの情報として、「清衡の二子基衡・惟常が合戦したために、公事《くじ》（国への納税）が大部分未納となった」というはなしを伝えたものである。

大治四年と同五年の兄弟が同一人をさすなら、基衡は御曹司で弟、惟常は小館で兄でなければならない。しかも、これによれば、兄は、越後国とは船で往来できる場所、しかも小船でのがれうる位置に館を構えていたことになるから、それは出羽国でも山形県の庄内地区から、下っても秋田県の由利《ゆり》本荘市・秋田市あたりまでの地であろう。それにしても、すでに清衡の時代に、平泉の支配が、陸奥国だけでなく、出羽国にも有力な御館支庁を構えるところまでいっていたことを示すものとして、注目される。また、奥羽の公事課役すなわち税収が、主としてかれらの動向いかんにかかっていたことも、その合戦で「公事多く欠怠す」とされていることでもわかる。

それよりも、さらに評判だったのは、この話題の提供者、清衡の妻の上洛とその後の人を人とも思わぬ言行であった。治部の話はこう続く――

その清衡の妻は上洛して、検非違使の義成という者に再嫁した。そして所々に出向いて追従《ついしょう》これつとめ、巨万の富を諸方にばらまいた。検非違使別当が極力これを持ち上げている。かの女は、その贈り物をたずさえて、院の御前まで顔を出すようになった。人びとはその所行を非難した。

これは天下の珍事である。清衡や基衡がじかに都に出てさえも、夷狄《いてき》身の程《ほど》知らずとさげすまれるところである。それを、清衡の妻が、しかも女だてらに喪《も》があけたかあけぬかというのに都に出る、あっという間に検非違使という都人と再婚する。つつしみもはばかりもあったものでない。それだけでない。こともあろうに、貴紳・顕官の前で、白昼堂々これ見よがしに札ビラを切って見せ、あげくのはて、「院の前」というから「雲の上」までもこの成金ぶりをちらつかせた、というのである。評判になったのもむりはない。取り締まりの検非違使が、まず取り締まられてしまい、その最高責任者検非違使別当が、またその金縛りにあう始末であったのであるから、ここに天下御免の女行状となったのも、けだし当然である。

これは、すでに奥州在国司の評価をえている清衡の権勢を背景にして、はじめて可能なことである。いや権勢、というよりも、その天下に聞こえた富力をもってして、はじめてなしえたところである。都では、へたにそれをとがめだてして、手をかまれ、大魚をにがすよりも、これを好きなように泳がせておいて、いただけるものはたんまりいただくのを上策としていたのである。「清衡妻行状記」のうちに、かえって平泉政治の側面が生き生きと活写されているのである。

この清衡妻の素性《すじょう》はよくわからない。清衡の妻としてはっきりしている人に平氏女がいる。

しかし、かの女は一一一八年（元永元）には六男三女の母になっているから、このときでもう四〇歳近かったろう。かの女は一一二八年（大治三）八月にも夫清衡の三七《さんしち》日の冥福を祈るために写経している。一一三〇年（大治五）にはおそらく五〇歳を越えている。平氏女であったら、そのようなはしたないことをしそうな人がらでも、また再婚できそうな年齢でもなかったと思う。これはわたくしの想像であるが、おそらくかの女は、清衡の晩年ごろの第何号目かの夫人であろう。都下りの、もちろんハラに一物《いちもつ》あるシッカリ者とふんでよい。清衡死後、その遺産相続に名のり出たりして、物のみごと基衡の拒否にあったのでもあろうか。よしそれなら、というわけで、その奥の手を見せたのが、その「都行状記」であったというのが、わたくしの気ままな空想である。

❖大庄司季春

基衡が御館二代目になって、十年はたったと思う。のちに宮内卿《くないきょう》になった国司藤原師綱《もろつな》（人呼んで宗形《むなかた》宮内卿《くないきょう》師綱）とその郎等大庄司季春との間に大出入《おおでいり》があった。季春は実は基衡の影武者にほかならなかったから、これは、国司と基衡との間の大立ちまわりである。しかもここでは、従者を表に立て、自分は裏にまわって演出するという政治的にもずっと成長した姿で基衡がえがかれている。国司から「在国司」というふうに正式に留守を委任されたように表現されているのも、一つ先に進んだ段階を示している。『古事談』および『十訓抄《じっきんしょう》』（ともに鎌倉時代の説話物語）に述べられているところで、そのおおよそを紹介してみよう。

白河法皇に仕えて忠義をつくした宗形《むなかた》宮内卿師綱という者が、陸奥守になって、現地に下向した。そのとき、基衡は陸奥一国を押領して、国司の威勢はなきにひとしかった。そこで師綱は、朝廷に上奏して、宣旨を申し下して、検注《けんちゅう》（検地）を行なおうとした。すると基衡は、その部下の信夫《しのぶ》郡（福島県）地頭大庄司季春という者と心を合わせて、これをじゃまさせ、合戦となった。怒った国司は、事の由《よし》を在国司基衡にふれた。基衡は、ただおどしのつもりであったのに国司があくまで初一念を貫こうとするのをみてあわてた。こうなれば勅命にさからったとして、違勅の罪に問われるからだ。基衡はさっそく季春を呼んで相談した。季春の返事。

「こうなることははじめからわかっていたが、主命なので宣旨をもかえりみず、一矢は射た。違勅の罪はまぬがれまい。このうえは、この首をはねれば、ことはすもう。主君は何も知らん顔して、季春の罪にして、身の安泰をはからっていただきたい」。

基衡も、今はそれよりほかないと思って、国司に「ためしのない検注を行なわれるについて、季春としては、先例がないことを申し上げようとしてこうなったものだ、自分はいっさい関知しない、検視をお送り下さるなら、すぐ首をはねて進上する」と申し入れた。

しかし、かげでは基衡は、妻がかってにしたような形にして、季春の命乞いに妻を国司のもとにやった。季春は、藤原代々の後見の家がらで、基衡の乳母子《めのとご》、しかもこれは基衡の命でやったことである。基衡としてはオメオメ殺すわけにはいかない。

命乞いに妻がもたらした贈り物は、国司一任期間の全年貢に相当し、金だけで一万両を越えた。しかし師綱はこれをつっかえした。季春は、従容《しょうよう》として死についた。師綱の名声は一世にうたわれた——

この物語は、師綱の良二千石《りょうにせんせき》（国司）としての廉正《れんせい》をたたえることを主眼としている。しかし実際は逆に、敵役《かたきやく》にまわされた基衡や季春たちを引き立てる結果におわっている。

基衡の一国押領態勢は、もう自明の常態になり、その事実上の支配権は、公権に対しても、一つの既得権としての効力をもつにいたっている。そのことは、国司が宣旨をもって行なう検注に対して、部下の季春が「例なき検注を行なうについて、季春ことのようを申しのぶるばかりにこそ」という名目で、その抵抗を弁明できたことで、明瞭である。検注という公権などをすっかり凍結してしまう藤原の主従制および領主制支配が、ここにおける「先例」となっていた。だからそのような従者制支配の頂点に立つ基衡の地位は、準公権として扱われた。「在国司」というのがそれである。

ところで、検注を阻止した大庄司季春というのは、基衡にとって代々の後見役で、しかも信夫郡司というから、陸奥国では国府より南の中央地帯の郡司でもあり、地頭とも庄司ともいわれる人である。陸奥国中央部に、郡単位に、その郡司権を掌握した従者制を形成するところまで、藤原支配権は浸透していたのである。しかも、そこには、「宣旨」よりも「君命」を重しとし、君命のもとには、死は鴻毛《こうもう》よりも軽しとする鉄のような結合ができている。だからまた主君も、その従者ひとりの命ごいに、国司任期中の年貢に相当するような万金を積んでいる。打てば響く男と男の世界である。

これは、源氏・平氏の従者制組織に対抗する第三の武者組織といってよい。

もう一つ興味をそそられるのは、基衡の妻の動きである。かの女はりっぱに、主権代行の全権大使になっている。さきには、清原真衡の妻が義家を「後三年の役」に介入させるのに一役買っていた。清衡の母は、身をもって安倍・藤原・清原三代を一つの歴史に橋渡ししている。清衡の妻は、都であの離れわざをやってのけた。そしてこの基衡妻である。かの女は、円隆寺の額の問題で関白忠通と基衡とが正面衝突しそうになったときも、額を返させて事態を円満に収拾し「賢女」の名をえている。観自在王院《かんじざいおういん》はその建立とされている。藤原ゆかりの女性たちは、「裏方」でなしに「表方」でもある。このことは注目されてよい。

❖年貢の争い

大庄司季春一件は、基衡初政のできごとである。これに対して基衡の晩年に近いころの大事件は、左大臣藤原頼長とのしぶとい渡り合いである。前者は、かなり冒険的な政治闘争であった。基衡の度胸のよさは買うにしても、政策としてはあまり当をえたものということはできない。それに対して、後者は、しんぼう強い経済闘争である。摂関家の荘園年貢について、おそらく一〇年ちかくも増税拒否＝減税闘争をねばり、「悪左府」の異名をとったほどに鼻っぱしの強い頼長に、名を与えて実を取る闘争に成功したのである。基衡の円熟した技倆のほどをうかがわしめる大一番であった。

相手役藤原頼長の日記『台記《だいき》』の仁平三年（一一五三）九月一四日条に、そのいきさつが詳《くわ》しくのせられているので、それによって、だいたいを述べておこう。

そのころ摂関家は、奥羽にもたくさんの荘園を持つようになっていた。そのうちの、陸奥国では高鞍《たかくら》・本良《もとよし》二荘、出羽国では大曾祢《おおそね》・屋代《やしろ》・遊佐《ゆさ》三荘が、前関白忠実《ただざね》から次子左大臣頼長にゆずられた。それは一一四八年（久安四）のことであった。この五箇荘では、忠実の時代から年貢増額が議せられていたが、「匈奴」基衡は君命をうけなかったので、忠実は「威を東土に失う」ことをおそれて、これを強行しなかった。強気の頼長は、ゆずりをうけると、久安五年、さっそく増税方針を決定し、その具体案を基衡に内示した。それは、高鞍・大曾祢・本良という主要三荘の、主要税目である金・布についていうと、だいたい現行の五倍の増額であった。仁平二年、基衡はこれに対して、高鞍荘では布について一・五倍、本良荘では金について倍額を認める程度の回答をした。事実上拒否回答である。頼長は仁平三年になって、久安五年の提案を全面的に修正して、高鞍・大曾祢両荘についてだけ、最高二・五倍から一・五倍までの新提案をし、他は全面的に基衡案をのんだ。基衡もこれに同意して、三年分、同時に納入した、というのである。

その内容を表示すると、左のとおりである。

（荘名）	（税目）	（本数）	（忠実案）	（頼長久安五年案）	（基衡仁平二年案）	（頼長仁平三年妥結案）
高鞍	金	一〇両	五〇両	五〇両	一〇両	二五両
	布	二〇〇反	一、〇〇〇反	一、〇〇〇反	三〇〇反	五〇〇反
	細布	一〇反	—	—	一〇反	—
	馬	二疋	三疋	三疋	三疋	三疋

大曾祢	布	二〇〇反	七〇〇反	二〇〇反	三〇〇反
	馬	二疋	二疋	二疋	二疋
	水豹皮	—	—	五枚	—
本良	金	一〇両（別に預所分五両）	五〇両	二〇両	基衡案に同じ
	馬	二疋（別に預所分一疋）	四疋	三疋	
	布	—	二〇〇反	五〇反	
屋代	布	一〇〇反	二〇〇反	一五〇反	
	漆	一斗	二斗	一斗五升	
	馬	二疋	三疋	三疋	
遊佐	金	五両	一〇両	一〇両	
	鷲羽	三	一〇	五	
	尻馬	一疋	二疋	一疋	

ここには、当時の東北の経済事情を知るうえで、注意すべきことがいくつかある。

㈠五つの荘園に共通な年貢種目は馬である。布は四つに、金は三つに共通する。このことにより、馬が東北に特徴的な産物であったことがわかる。事実東北は、平安後期においては、政府が必要とする官馬の主たる供給地となっていた。ついで東北を代表する特産物は金である。このような年貢品目は、よその地域の荘園には見られないので、貢馬・貢金というのが、東北の固有の経済構造を示す特産物であったことがわかる。これに対して、布は全国普遍的な品目である。馬・金と並んで布が各荘共通の種目になってきているのは、古代末期になり、東北が諸国なみの経済風土をも成立させていたことを示すものである。

㈡馬は各荘共通品目であるにもかかわらず、その飼育はそう容易なものでなく、とくに年貢として貢進できる良馬の養成は労多いものであった。それは、各荘の本数が二疋を定数（遊佐だけ一疋）とし、布について五倍の増税が考えられたときでも、それは、二疋から三疋ないし四疋という、一・五～二倍の増額におさえられていることでわかる。なお、一一一一年（天永二）、忠実の奥州荘園から厩舎人《うまやとねり》が馬九疋をつれてきたというのは、この五荘分のものと考えられるし、「清衡が、馬二頭をはじめて献上した」とあるのも、こうしてみると、荘園の寄進を意味したことが、ますます明瞭となる。

㈢布という中央なみ産物の年貢が、いっきょに五倍もの増額を要求され、結果的にも高鞍荘では二〇〇反から五〇〇反、大曾祢荘では二〇〇反から三〇〇反、本良荘では新規に五〇反、屋代荘では一〇〇反から一五〇反へ、軒なみ一・五倍から二・五倍の増になっている。これは、藤原氏の支配のもとで、産業・経済の中央型への移行が、急激に進んできていることを示すものとして、注目に値する。藤原氏は、そのようなものを、強力な政治力で、すべて現地にとどめ、平泉に集積したのである。平泉文化はその上に築かれたのである。

❖毛越寺建立物語

清衡の中尊寺建立も、都ではなばなしい話題を呼んだにはちがいない。右京大夫が願文の文章を書き、中納言がそれを清書した。鎮護国家の寺と称し、勅使が下向して落慶《らっけい》供養《くよう》を行なったと伝えたりしているのは、そのような物見高い評判を背景にしての説き語りであったろう。それにしても、建立にあたってそれがどう取り沙汰されたかを伝えるものは、中尊寺にはない。

しかし中尊寺をうけて基衡がはじめた毛越寺の場合は、建立そのものがたいへんな評判であったという。それは、藤原氏の大分限者《だいぶげんしゃ》としての行動が、基衡の代になり、天下の耳目をそばだたしめるにいたったことを物語るものである。

まず、その金に糸目をつけない大尽《だいじん》ぶりが、都の話題をさらった。毛越寺金堂円隆寺には関白忠通のみごとな堂額が掲げられた。参議教長が堂中の色紙を書いた。金堂に安置する丈六《じょうろく》の薬師像は、雲慶《うんけい》という仏師に依頼した。その製作費というのは、

金百両・鷲《わし》の羽百尻《しり》・あざらしの皮六〇余枚・安達《あだち》絹千疋・希婦《きょう》の細布《せばぬの》二千端・糠部《ぬかのぶ》の駿《しゅん》馬《め》五〇疋・白布三千端・信夫毛地摺《しのぶもじずり》千端

毛越寺南大門跡（平泉町） JTB フォト

という、まことに気前のよいものであった。そのほか、山海の珍奇を、仏像ができあがるまでの三年間、東山道・東海道をかたときも絶えることなく駄馬に積んで上下させた、というのである。

それだけではない。さらに特別謝礼として、生美絹《すずしのきぬ》（練らない絹）を船三艘《そう》に積んで送った。うれしさのあまり、雲慶は冗談半分に、「練絹《ねりぎぬ》だったら、もっとよかったろうになあ」と言った。使者が帰って、そのことを復命すると、基衡は、「それならはじめからそうしたものを」とくやしがってすぐに練絹を船三艘で送った。

こうして、まず前景気からしてたいへんであったのである。あまりの評判に鳥羽法皇までお忍びのお出まし、ということになった。みごとにできあがった薬師像をご覧になって、その比類のないでき栄《ば》えにみいられてしまった。「この絶品、都の外に出すことまかりならぬ」ということになった。

びっくりした基衡は、持仏堂にこもり、一週間、断食してその東下を祈り、事《こと》の由《よし》を関白忠通に訴えてとりなしを請うた。関白からは、しかるべく奏上があって、仏像はつつがなく平泉にくだることができた――

これは、『吾妻鏡』文治五年九月一七日条の伝えるところである。法皇がお出ましになり、関白のお声がかりでの東下となれば、これ以上のはなしもまずあるまいというもの。まるでかつての道長の法成寺《ほうじょうじ》、頼通の平等院のような評判のなかで毛越寺は営まれ、落慶となった、ということになる。

これはかならずしも、誇張とはいえない。毛越寺金堂円隆寺のみごとさは、当時「吾朝無双《ごちょうむそう》」と評されていたからである。われわれは、このように、お祭りさわぎの評判のなかに、歴史に仁王立ちするにいたった藤原基衡の風貌を想見することができるのである。

奥の王者秀衡

❖三代の位置

三代秀衡には、初代清衡・二代基衡にはまったく見られなかった「重みづけ」が与えられている。それは、鎮守府将軍・陸奥守という公権行使者としての権威に由来するものである。清衡の支配も基衡のそれも、事実上は公権支配であった。しかし、正規の制度上のものではなかった。そこに、古代公権の外に置かれたもの、俘囚長の系譜につらなるものとしての限界があった。

秀衡は、その限界を越えたのである。鎮守府将軍――それは、中央の人が蝦夷を支配するための地位である。だから本来、俘囚のような蝦夷の系列にある人には許されない地位である。もっともこれには清原武則のように、現地人が任じている例もある。しかし、それは「前九年の役」平定という大功があってのことである。秀衡のように、そのような事実がまったくなくて、現地の武人にこの栄職を与えた例はない。これは、古代秩序破壊の第一歩になったものである。右大臣九条兼実はそのことを指摘している。「夷狄が鎮守府将軍になるのは、乱世の基である」と。

そのことにもまして、「乱世」の様相を色こくしたのは、かれの陸奥守任命であった。国司となれば、それは「大王《おおきみ》の遠《とお》の国宰《みこともち》」である。つまり天皇権を代行する「地方朝廷」の責任者である。そのような公権の府の最高責任者になったのであるから、これは正式に「古代政治の内の人」になったことを意味する。しかも注目されるのは、このような人事は「天下の恥」ではあるけれども、秀衡であったら陸奥守になるのも認めざるをえまいというのが、朝廷の空気になっていたことである。秀衡になって、藤原氏は、「蝦夷」とか「俘囚」とかいう身分秩序

中尊寺金色堂阿弥陀像（中央壇）

を保ったまま、古代世界の公けの秩序に移行するにいたったのである。

「古代貴族秀衡」という認識を客観的に代表するものとして、ここに「高野《こうや》検校《けんぎょう》阿闍梨《あじゃり》定兼《じょうけん》塔《とう》供養《くよう》願文《がんもん》」というものをあげることができる。これは、一一七三（承安三）一一月一一日に、高野山に新しく五大《ごだい》多宝塔《たほうとう》という密教の塔が落成したときの開《かい》眼《げん》供養（落成）の願文で、定兼《じょうけん》という検校阿闍梨（総別当職）が書いたものである。そのときに、秀衡の法会《ほうえ》料寄進によって、無事その開眼供養を終えることのできた感謝を述べて、次のようにいっている。

奥州の鎮守府将軍藤原朝臣（秀衡）は、名門の武将の家に生まれ、武力・仁徳たぐいまれな人である。生来、仁義の心にあつく、深く仏法を信じて、真実大乗の教えを求め、当山に帰依《きえ》している。そのため、四年分の僧侶の衣粮《いりょう》を送り、二千余の大衆にあまねく布施して供養を助け、あまつさえ、唱導師《しょうどうし》となって説法もした。まことに最高の仏弟子というべきである。

スポンサーに対する謝辞《しゃじ》なのであるから、結構づくめに書いていることはいうまでもない。

しかしそれらをすべて割り引きしても、ここには「奥州の夷狄」というようなイメージは、まったく残されていない。同じ時期、都に時めいていた平氏を置き換えたような貴族ぶりである。

このようなうけとめかたは、鎌倉武士の場合も同様であった。落城後の平泉に入城した鎌倉の二〇万騎と称した大軍は、この奥の都の華麗さに目を奪われた。同時にその華麗さが平泉を滅ぼした、と考えた。『吾妻鏡』（文治五年八月二二日）は、そのときの鎌倉の主従の感慨を、

倹《けん》は存し、奢《しゃ》は失う。誠に以て慎《つつし》むべきものかな。

と記録している。これによれば、平泉が文化・先進であり、鎌倉が素朴・未開ということになる。平泉は奥州の平氏であると考えられたのである。

右大臣兼実・高野検校定兼、そして『吾妻鏡』、それぞれ力点の置きかたはちがっている。しかし、そのいずれもが、もう「奥のえびす」とか「田舎《いなか》の成り上がり者」とか、悪口をいっているだけではすまされないホンモノに、藤原氏がなってきていることを、同じように認めている。えびすの世界にあって、都の使命をになう人——そういう認識が、秀衡について確立するようになってきているのである。

どうして先代にはできなかったことが、秀衡にはできたのか。それは、かれが抜群であったからといえばそれまでである。しかしこれは、初代・二代の余沢《よたく》が三代で実を結んだものと考えるのが正しかろう。かれを「北方の王者」と呼ぶのは正しいが、それは、秀衡の、初代・二代をあわせての栄誉なので、秀衡ひとりだけのものではないのである。

そのように、初代・二代をうけての三代であるということのほかに、秀衡をつつみ奥羽を取りまいた客観情勢が、ここで秀衡を引き立てたということも考えなければならない。英雄が歴史をつくるというが、時代が英雄をつくるともいう。源平の争乱、治承・寿永の争いが、秀衡とそのもとの奥羽とを、天下の政治の場に誘い出したのである。

❖もう一つの政治

藤原の支配が初代の段階で、はたして白河関から外が浜まで、陸奥一国を包み、出羽国までカバーしていたかどうかは、なんともいえない。基衡のころは、福島県の信夫郡まで、その一の郎等を配するところまでいっているし、出羽国の山形県内の荘園も管理するようになっているから、奥羽全域にその支配がおよぶようになったことは、疑いあるまい。しかし、それにしても、朝廷がそこからすっかり手を引いてしまうというほどではなかったであろう。

秀衡の代になって、それは公然と藤原の領地とみなされるようになったのである。一一七〇年（嘉応二）の鎮守府将軍任命はその公認辞令と考えてよい。かれがついに陸奥守に推薦されたときの理由はこうだった。

陸奥国はおおかた秀衡が押領しているから、かれが陸奥守になっても、何も問題になることはない。

奥羽は日本の半分もある、と評判されていた広大な地域である。古くは蝦夷があばれまわって手がつけられず、「道奥」つまり別世界とされていた。今そこに、一つの強力な武力と政治力とによって、統一支配が出現すれば、それは、日本の半分にもなろうという地域が、北方に独立国家をつくり出すことになる。平氏の猿知恵で、その強大な軍事力に、公権の名目を与えて、これを朝敵退治に立ち上がらせようというのが、秀衡陸奥守任命の裏幕であった。一一八一年（養和元）八月のことである。

「朝敵」というのはだれか。それは、いうまでもなく、一一八〇年（治承四）、伊豆に挙兵した源頼朝、同じく信濃に挙兵した木曾義仲をさす。頼朝はまたたくまに、関東・中部にわたる統一をはたし、東海・東山両道の東国は、その軍事支配のもとにおかれた。義仲は信濃から北陸に出ようとする。こうして、平氏は、都によって西日本を、源氏は関東・中部の東日本をそれぞれ支配して対峙《たいじ》する態勢になった。平氏はこの均衡を破り、いっきょに大勢を決しようとして、これまでは、政治の外におかれた東北に、公権としての承認を与え、これを中原の戦いに参戦せしめようとしたのである。秀衡が、蝦夷や俘囚の限界を越えて中央政治入りをするのは、このためであった。

秀衡とならんで越後の城《じょう》氏というのも、木曾にあたる平氏の与党として、越後守に任ぜられた。しかしこれははじめから秀衡よりは一まわり下のランクにおかれ、しかも義仲と戦って完敗してしまったので、政治勢力としては、まったく問題にならないで立ち消えになってしまった。義仲は城氏を破り、北陸道を西上し、平氏の大軍を破り、長駆《ちょうく》して都にはいった。平氏は西海に走った。

こうして一一八二年（寿永元）七月から翌年正月まで、天下は、東に頼朝、中央に義仲、西に平氏の三分の大勢となり、平泉はその外側に第四の政治勢力を形成していた。平氏から木曾へ、都の主が交代すると、木曾は、平氏と休戦するとともに、平泉とも同盟して、頼朝をはさみうちしようと策謀した。秀衡は広い日本を見渡せる政治家であった。平氏の呼びかけには出る出る、と返事をしておいて、平泉を一歩も動かなかった。義仲は体《てい》よくあしらう程度で取り合わなかった。動かないでニラミをきかす、つまり「武装中立」という形で、どちらにもころべる政治の立場をつらぬこうとした。これはもっとも政治的な政策であるのだが、秀衡はみごとにこれを守り切り、バランスとして天下に重きをなしたのであった。

鎮守府将軍・陸奥守——破格の贈り物に対して、秀衡は十分こたえるところがなければならなかった。頼朝を鎌倉に釘《くぎ》づけにして、一歩も動かせなかったのは、やはり秀衡の圧力であった。しかし、落ち目の平氏に義理立てするあまり、これと無理心中するような向こう見ずのことを秀衡はしなかった。だから頼朝もこれに乗ずることができなかった。

あっぱれな政治である。辺境が生んだはじめての政治家というべきである。こののち東北でこのようにスケールの大きい政治を実行しえたのは、建武中興時代の陸奥国司、北畠顕家《あきいえ》だけである。

❖貢馬と貢金

あらわな武力攻撃こそしなかったが、鎌倉にとって、平泉が平氏の高禄を食《は》んだ敵性国家であったことは、まぎれもない事実である。数万の軍勢をひきいて秀衡が白河関を越えた、頼朝の部下のなかからは裏切り者が続出している、頼朝は鎌倉をささえかねて遁走《とんそう》した、頼朝は秀衡の聟《むこ》になって平泉のホコ先をかわそうとしている——京都あたりでは、そんな怪情報が乱れとんでいた。それらはすべて、平泉が鎌倉の敵としての戦列にある、という認識に立っての観測であり、宣伝であった。

頼朝がそれをこころよく思うはずがない。いや、思うとか思わないとかいう問題ではない。平泉一七万騎と称された精鋭が、白河関のあなたに、じっと武装中立に静まりかえっているとなれば、どのような拍子で、いつなんどき、それが敵兵となって南下するかもわからない。この仮想敵国には頼朝はみずから備えたのである。戦わない戦いが、はげしく火花を散らしていた。

義仲をほふり、平氏を全滅させて、今や天下の主となろうとしている頼朝が、この憎い中立の仮面をはぎ取って、その敵性をあばき出し、いっきょにこれをたたきつける行動に出たとしても、だれも非難することができない。しかし、頼朝は、それをしなかった。いや、できなかったのである。秀衡がそうさせなかったからである。秀衡の周到に計算された大胆不敵の布石、しかも進むを知り退くをわきまえた出処進退には、さすがの頼朝も、ウカツな手が打てなかった。

まず、平泉には父祖三代にわたって築かれた富力と武力と勢望とがある。それはまだ中央政治によって、奥をきわめられたことのないはかりしれない力にささえられていた。

とくに平泉は、京都とは特別な関係にあった。平氏との関係は、平泉に明暗二つの効果をもたらしたが、それをも含めて、平泉が京都と取り結んでいた友好関係は、京都に特別に神経をつかっていた頼朝に、慎重な配慮をうながしていたのである。平泉が義経問題ではっきり朝敵に味方するもの、という認定がなされてからでさえ、京都朝廷は、陰に陽にこれをかばい、弁護した。それは、秀衡の生前においては、積極的な平泉の正当性支持の形をとって、頼朝の敵視政策を牽制していたのである。この「公けの正義」のうしろだては、政治のたたかいにおいて、平泉を非常に強いものにしていた。

京都がなぜ、そんなに平泉にテコ入れしたのか。それには二つの理由が考えられる。一つは、京都の主権政府としての意地である。やせても枯れても一国の政府が、そうやすやすと武士に政権をゆずり渡してなるものかというハラがある。平家に抵抗したのもそこからきていた。いま頼朝のもとにまるまるころげこんでゆきそうな時の勢いを、必死になってくいとめようとかかっている矢先である。平泉のように蝦夷の流れをくんで一騎当千を誇るつわものたちが、やる気十分でいるのをみすみす敵側に売り渡してしまう手はない。平泉だきこみ政策では、朝廷も平氏と共同戦線を張っていた。批判的なのは、右大臣の九条兼実ぐらいのものであった。

第二に、もっと切実な理由があった。それは、うち続く戦乱・反乱のため、京都財政は、まったく尾羽打ち枯らしてしまったことに深い関係がある。そのことは、兼実の日記『玉葉《ぎょくよう》』にもよく物語られている。平氏全盛のときは身ぐるみ平氏一門に、源平争乱の時代には、西は平氏、東は源氏の分割知行に、朝廷支配はもっていかれてしまった。頼朝は、京都のきげんを取り結ぶために、東国のその支配下の荘園領主権は、もとのように、京都が本所《ほんじょ》（最高経済領主）として支配するのを認める、と申し入れしたが、それはもちろん、関東武者たちの軍政のもとの保障である。いつどうなるか知れたものでなかった。現に、頼朝は、義経追捕《ついぶ》を名目に、一一八五年（文治元）一二月には、全国に守護・地頭を設置した。そして一律に兵糧米《ひょうろうまい》を段別五升ずつ徴集しただけでなく、下地《したぢ》（土地そのもの）の管理権もにぎってしまった。諸国はこれで凋落《ちょうらく》し、公家の支配はこれで滅び去るのでないかとあやぶまれたりさえしたのである。

このような離反のなかで、まがりなりにも都の威光を仰いでいるところは、平泉しかなかった。これは東北が朝廷によく組織されていたという意味ではない。よそが没落し離反したのに、本来は制度外の朝貢的なものでしかなかった東北の貢物が、現状を維持していたために、相対的にその比重を増してきただけである。しかし、貴族文化の必需品である金の貢納は、ほとんど東北に限られた献上品だったし、軍国時代になって名馬の貢納をたやさない平泉の忠誠も、京都にとって大きな意味をもった。急所はここにあったのである。

すでに述べたように、貢馬は単なる馬の献上だけでなしに、それを通して、「馬飼《うまかい》」として、忠誠、つまり「犬馬の労」をつくす意味がこめられていた。残された唯一のドル箱ともいえる平泉の富を、むざむざ鎌倉にゆだねるようなことは、体面からも財布からもできない。

京都はおよそそういった理由から、平泉を支持し、これを与党にかかえこもうとしていた。秀衡はそれを計算して、鎌倉と対《たい》に取り引きできる立場をかためていた。だから、あの戦乱のさなかといえども、平泉からの貢馬・貢金は絶えなかった。それは平泉と京都との同盟を確認する外交をも意味していたのである。

❖魚水の思い

そのような虚々実々の政治のかけひきが、うわべを平穏にかざっていたある日、おそらく一一八六年（文治二）晩春か初夏のころ、鎌倉から一通の親書が平泉にとどいた。

御館《みたち》殿（秀衡）は奥六郡の主にわたらせられるが、拙者（頼朝）は東海道の惣《そう》官である。だからおたがい、魚と水のような相互扶助の考えでゆかねばならぬ間がらである。ただ、行程遠く隔たり、書信を通じようと思っても、その法のないのを遺憾《いかん》に存ずる。また、お国の貢馬・貢金は、これは国家の貢進物である。自分がお世話しないわけにはいかぬ。今年からは、拙者がとりついで進上することにいたそう。これは勅命でもある。

ついにくるものがきた。平泉―京都直通の貢馬・貢金が続く限り、平泉の敵性国家としての独立が継続することになる。しかも、それは人もなげに、東海道を「下に、下に」と上ってゆくのである。東海・東山のやからは、すべて頼朝の指揮をうけるようにという指令が、一一八三年（寿永二）には出ていた。白河関の奥でならともかく、関東・東海までも鎌倉にあいさつなしの直行は、頼朝の威光にもかかわる。

天下の大勢もほぼ定まり、そろそろしめる潮時《しおどき》だと判断した頼朝は、さりげない調子で、しかし急所を確実につく攻勢に出てきたのである。東海道のことは自分が取りしきるのだ、しかもこれは勅命によることだ。そういって平泉も文句のつけようのない名分を示す。それでいて、御館と鎌倉は水魚の仲である、持ちつ持たれつではないか。鎌倉までお持ちになれば、その先は代わってあげようではないか——「持ちつ持たれつ」とじょうずにもちかけたのである。

ここは無粋《ぶすい》なことを言って、事を荒だてるところではない。大局を見ることのできる秀衡は、

「よろこんで、好意に甘えさせていただきましょう」と返事した。

貢馬・貢金のことは、まず鎌倉までおとどけする。京都へは、いたみ入るが鎌倉から代わってお送りねがいたい。

『吾妻鏡』文治二年四月二四日条は、この平泉—鎌倉間のやりとりを書きのせている。この協定により、平泉は独立した外交権を失った。そして、中央にじかに開いていた大政治時代を閉じて、関のあなたの世界にこもる。鎌倉の政治が、はじめて平泉の政治に優越し、これを辺境に封じこめるのに成功したできごととして、重要な転機をなすものである。

それなら、これは平泉の敗北であったか。そうではない。秀衡には、現実の政治家としての計算はちゃんと立っていた。ここでは、天下人頼朝に乗ずるすきを与えないことが、最良の政策であった。秀衡はすすんで、その危険性のある膨張政策を放棄した。そして、何人の容喙《ようかい》をも許さない奥州の絶対的なモンロー体制＝自決主義を、ここで固めようとする。これはすぐれた独立の道であった。

相伝のうらみ

義経流離

❖牛若東下り

平泉にとって、源義経とのめぐりあいは「運命」との出あいを意味した、牛若時代の義経を育て、ここから源平合戦に義経を送り出した平泉は、かれの実家のようにみなされた。頼朝に追放され、きびしいおたずね者になった義経が、その敗残の身をまた平泉に現わすと、秀衡はこころよくまたこれをかくまった。こうして「いかなる親、いかなる子のまじわりも、これにはすぎまい」と物語がいう深いきずなが、秀衡と義経の間には結ばれていった。

それは、反逆者義経との間の軍事同盟の結成を意味する。鎌倉がこれをもって「平泉謀反《むほん》」とみなしたのは、当然である。秀衡はともかくとして、その子の泰衡などに心底《しんそこ》から鎌倉に手

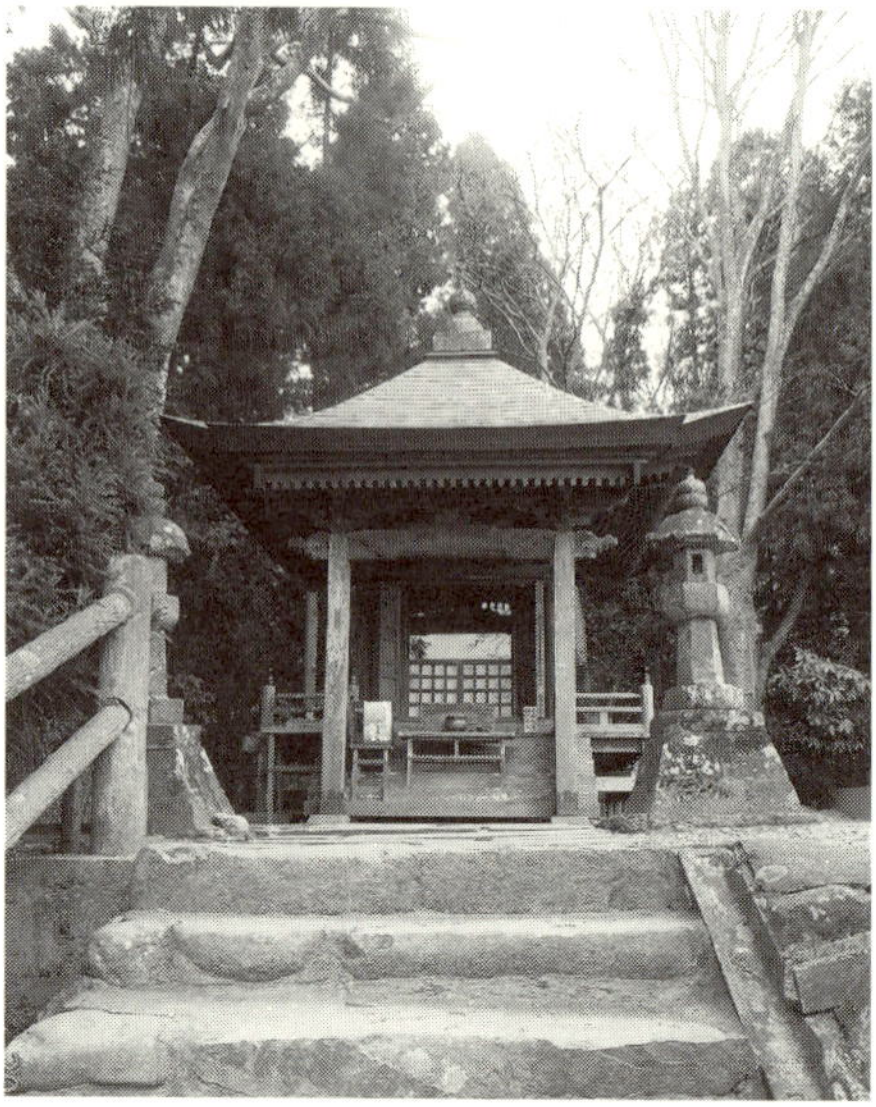

義経堂（平泉町）

向かう心組みがあるとは、目のきく頼朝は、本気で考えてはいなかった。頼朝は、それを口実にして、平泉のとりつぶしをはかったのである。しかし、それは、いいがかりである、ぬれぎぬだ——そう申し開きすることを許されない「共謀」の烙印を、義経は平泉にベッタリ貼った。どのようにもがいても、それからのがれることができなかった。泰衡はそのつぐないに、その身を滅ぼし、社稷《しゃしょく》を滅ぼすのである。

平泉にとって、義経の東下りは求めたものではない。その意味で義経との結びつきは、平泉にとって偶発的なことである。にもかかわらず、それが平泉の運命を決定した。そこに平泉の悲劇がある。義経のデーモン（魔性）がある。

平泉にとって、義経の東下りは偶然であるといった。しかし義経にとって、それは、ある種の必然であった。平泉にとっても、主観的には偶然であっても、客観的にはある種の蓋然《がいぜん》性のあるできごとであった。

「道奥」は政治と法のゆきとどかないところである。そのことから、よく無法者・犯罪人が流れこみ、もしくは追放される「流人《るにん》の国」の風土をなしていた。安倍氏・清原氏を経て藤原氏のように、巨大な政治的独立を達成した大王国がそこに現出すると、それは単なる無法者、さすらい者のたまり場というよりも、積極的に悪だくらみをする者、何か事をなそうとする野心家――そういったものが、寄り集まって巣くう世界となる。性質上、かれらは誘蛾灯《ゆうがとう》のようにあやしく輝く藤原の権力に吸い寄せられる。藤原氏が北方の王者として巨大な独立を保っていたことじたいが、歴史的にはある種の野心家、危険人物の誘因となったのである。

牛若丸と称された戦犯の子どもは、そのようなさすらいの野心家として、平泉に流れついたのであった。そして、いつしか源氏の御曹子として、藤原の賓客《ひんきゃく》をもって遇せられる貴公子のひとりに成長していったのである。

❖秀衡と義経

秀衡には、この貴公子を藤原の戦列に加える計画があったらしい。兄頼朝の挙兵に単身参加しようとする義経を、秀衡は引きとめた。義経はこっそり平泉を脱け出した。それで秀衡もあきらめて、佐藤継信・忠信兄弟を秀衡の代理としてこれにつけ、黄瀬《きせ》川に参陣させたと、『吾妻鏡』は伝えている。

これは、秀衡には、源平合戦に積極的に介入する意図がなかったこと、義経を藤原の客将として期待していたこと、ただし、中央の政治の分けまえにも、十分あずかりうるような布石だけは忘れなかったこと、などを物語っている。秀衡は、頼朝に追われてふたたび平泉に舞いもどった義経には、もっと大きな期待をかけて、これをしっかりとかかえこんだのである。

はなばなしい武勲にもかかわらず、義経が不遇・敗残の人にならなければならなかった理由はかずかずあるが、そのもっとも大きな理由として、かれには固有の従者組織がなかったことをあげなければならない。木曾との戦いでも平氏との戦いでも、組織戦力はすべて頼朝の部下たちばかりであった。梶原景時との反目に典型化されるように、義経はまるで茨《いばら》の座にすえられた借り物大将のような位置におかれた。野育ちの義経は、弁慶や伊勢三郎のようなどこの馬の骨ともわからぬ無頼の手郎等《てろうとう》たちをひきいて、奇襲に奇襲を重ねて連戦連勝する。それがさらに鎌倉正規兵とのそりを悪くして、一路破滅へ追いこまれたのである。

義経の「手郎等」(子飼い郎等)のなかで、りっぱな家がら、組織をふまえたもの、といえば、平泉以来の佐藤継信・忠信兄弟しかなかった。だから、義経の戦闘力は、たとえば平泉の郎等制のようなものをふまえて、はじめて鎌倉に対抗できるような組織戦力になりえたのである。秀衡は、この実験結果を、秀衡＝義経同盟による対鎌倉戦に応用しようと、もくろんだのである。もちろん、それは、義経追捕を口実に、平泉の独立そのものをとりつぶそうとする頼朝の攻勢を見こんでの予防措置であった。義経はあの寄せ集めの武士たちの上にのっかっても、天下の兵を相手どって勝利をえた。今この土つかずの平泉組織兵をふまえ、秀衡の威望に義経の戦略をよりあわせるならば、頼朝の侵略を未然に防止することができる――秀衡はそうふんでいた。だからかれは、なんの躊躇《ちゅうちょ》するところなく、この天下のおたずね人をかかえこんだ。安全はかえってここにある。

後世の人がさまざまにおしはかるような冒険を秀衡はあえてしているのではない。六〇をすでに越えた老政治家は、かえって石橋をたたいての防衛策として、それはとられたのである。頼朝は負けいくさには賭けない。秀衡一代、頼朝が平泉モンロー主義に、一指もふれえなかったことで、秀衡の政策の合理性が証明されるのである。

❖泰衡と義経

秀衡は一一八七年（文治三）一〇月になくなるが、その死の直前には、義経をかくまっていることが、公然の秘密となり、朝廷・幕府の両方から尋問をうけている。それに対して、秀衡は「別に他意はない」というばかりであったという。いることを隠そうともしなかったのである。そしてもう万全の態勢をととのえているように見える、と報告されている。一〇月二九日、六六歳で死ぬ秀衡は、こう遺言した。

義経を平泉の大将軍とし、国衡・泰衡らは一致してこれに仕え、頼朝を討つ計画をめぐらせ。

しかし義経を大将軍とする平泉結束の方式は、実は秀衡の政治のもとでのみ可能な平泉独立の道であった。秀衡の死とともに政治を失った平泉では、このように高度に政治的な道は、実現の可能性を失ってしまった。義経のような天下の武将は、平泉の跡目をどうするかというような戦いには、まったく不向きであるばかりでなく、かえってじゃまでさえあった。かれの客観存在――ただいることじたいが、今や平泉の独立を奪い、その分裂を策するものとみなされるようになった。秀衡から泰衡への移行は、こうして、義経とどう結ぶかという団結から、義経をどうして排除するかという分裂への転換となる。急激な政治の喪失である。

頼朝の待っていた客観情勢が、平泉の内側から開けてきたのである。頼朝は、強い者に対してはてい重であるが、弱い者には残酷な政治家である。秀衡に対しては、あれだけ礼をつくした頼朝は、泰衡に対しては、手のひらをかえすように、威丈高《いたけだか》に、しかも巧妙に迫った。「義経は天下の罪人である。早くこれを追討するように」。まず、そう申し入れた。これに対して泰衡は、「義経は父秀衡が助けてやったことで、どういういわれのあることか、自分は知らない。それで責められるおぼえはない」。そう言って、責任をのがれようとした。たたみかけて頼朝は「そういってぐずぐずしていれば、おまえも同罪だ。追討の及ぶ身となるが、それでよ

高館跡から北上川を望む（遠景は束稲山、平泉町）

いか」。

泰衡の本心は、この問題のために、かんじんの藤原を危くするようなことはしたくない。というところにあった。義経を助けても、藤原がその下に甘んずるようなことでは意味がない。ましてその義経のために藤原も朝敵呼ばわりされたのではかなわない。そう考えているのである。問題は義経をタネに、平泉の政治的独立否定に移ってきているのをかれが見ぬく目をもたなかったところにある。頼朝は、その政治の目の喪失につけ入って、泰衡の盲目の意志を一旦の安きに向けて誘い出すのである。

義経をそのままにしておけば、藤原も同罪だ、という頼朝のおどしを、泰衡は、義経さえ亡きものにすれば、ことはかたづく、平泉は安泰になるととった。泰衡はその名のとおりの「泰《たい》平《へい》」（ヤスヒラ）を純粋に信じた。宣旨が出る、院宣が出る。「東海・東山諸国の武勇の士を催して、速刻その身を召進せよ、とくに泰衡は、父祖四代の跡《あと》をうけて一国に威をしくものである、ただちに実行せよ。もし義経に味方するようなことがあれば、官兵をさしむけて追討する」――くりかえされる命令は、事態の緊迫を告げていた。もちろん、それらの京都命令をあやつっているのは鎌倉である。勅使の下向にはかならず鎌倉の使者が同行し、鎌倉の合意をえたものを、その立ち合いのもとに通告する形をとっていた。だから、書かれていることは、実行されることであった。泰衡は、ハラを決めた。

❖大平泉と小平泉

ついに決行の時がきた。一一八九年（文治五）閏《うるう》四月三〇日、泰衡は、義経のいる民部少輔《みんぶしょうゆう》藤原基成の衣川館を襲った。義経は二二歳の妻、四歳の女の子を殺し、高館で自害した。時に義経三一歳。首は鎌倉に送られ、六月一三日、腰越《こしごえ》において和田義盛・梶原景時の検視をうけて、確認された。

義経問題をめぐって、平泉には二つの党派が形成されていた。それは、いわば「小平泉派」と「大平泉派」の対立、といってよい。前者は、義経に対しては藤原の純潔を守り、頼朝に対しては妥協的にことを収拾しようとする和平派である。これに対して、後者は、義経をも含めて平泉側勢力の大同団結をはかり、鎌倉の謀略に対しては、結束して平泉の独立を全うしようとする主戦派である。前者は泰衡・国衡ら主流派によって代表され、義経襲撃はこの派によって決行された。後者は秀衡が遺言した道で、今は過去になろうとしているもの。秀衡の三子忠衡らが、この伝統政策を守っていた。泰衡の衣川襲撃は、この二つの道の調整が、まだ完全にできあがっていないうちに、「小平泉主義派」が機先を制して強行したものらしい。そのために、事後の政局に大きな混乱をまきおこした。六月二六日、泰衡は忠衡をも襲ってこれを殺しているが、『吾妻鏡』はこれを「奥州の兵革」と呼んでいるから、これは、かなり大規模な戦闘であった。泰衡は、非常手段によって、「小平泉主義」による結束を固め、平和的に事態を収拾しようとしたのである。

しかし、それは泰衡の期待に反して、ことの終局にはならなかった。反対に、全面的な破局の発端になったのである。頼朝のいいぶんはこうであった。「泰衡は、ながいこと義経をかくまった。これは反逆以上の罪である」。だれが考えても、頼朝がかってであることは明らかである。だが、ことはそうしか運ばれないだろうことも、だれの目にも明らかであった。とすれば、それを読みとれないのは不覚である。武者の道にきびしく徹しないものである。

もう勝負のあった義経事件をいっきょに平泉征討にまでおしすすめたのは、義経を殺し、大平泉の団結を放棄して、宥和《ゆうわ》と妥協の道を選んだ政策の手引による。その動揺のすきまに頼朝は征討のクサビを深々と打ちこんだのであった。

勝つ者・滅びる者

❖「私の宿意」

義経が滅ぼされ、肉親のその与党まで殺して、泰衡は頼朝の意を迎えた。これは、それまで伝えられた朝意のあるところからすれば、もう平泉のはたすべき義務を全うしたものといってよい。すくなくとも、「過去の科《とが》」なるものは、十分つぐなったものと考えてよいであろう。現に京都などは、そのように判断していた。義経は死んだ、もうすべては終わった。そう考えて、鎌倉が、これ以上、平泉を追及しようとするのを認めようとしなかった。

それなのに、頼朝はどういう態度をとったか。「泰衡は、日ごろ義経をかくまってきた。その罪は、反逆以上のものである。よってこれを征伐しようと思う」。まことにあきれかえるばかりに明白な不条理である。泰衡が、「罪なくしてたちまち征伐あるは、何ゆえぞや」と抗議したのは、もっともしごくである。

けれども、それは、この征討が、義経問題の結果としてのみおこった場合だけ正しい。もし、そのこと以外に理由があって、義経問題は、その単なる直接の原因ないし口実にすぎなかったとすれば、事情は大きくちがってくる。そして頼朝にそれだけの正当性を回復させ、泰衡はことの表だけを見て裏を読むことのできなかった不覚を問われることになろう。『吾妻鏡』宝治二年（一二四八）二月五日条には、こんな記事がある。鎌倉の永福寺は平泉の寺院をまねてつくったものである。その理由は、「義経といい、泰衡といい、たいした朝敵でもなかったのに、頼朝は、私の宿意（積もり積もった私憤）をもってこれを征伐した。それで、かれらの怨霊をなだめようとしたものである」。のちになると、幕府側でも、この征討が、朝敵とか反逆とかいう公の理由にもとづくものでなかったことを認めている。それなら、その「私の宿意」というのはなんであったか。

それは、直接には、平氏と結び、木曽と通じ、義経を助け、京都と気脈を通じて鎌倉を苦しめたことへのうらみをさしていたであろう。しかし、そのうらみはもっともっと深い源氏代々のうらみ、というようなものにつながっていた。そのことは、源氏と東北とのかかわりあいをふりかえってみれば、すぐ想像がつく。

「前九年の役」では、頼義は一二年間、悪戦苦闘して、やっと安倍氏に勝利した。しかし、その東北における成果は、第二の安倍氏である清原氏に奪われた。出羽守となった義家も、鎮守府将軍清原武則の下風に立つありさまであった。この武門のあつれきが、「後三年の役」をひきおこす。源氏は清原の従者すじだと、義家はののしられて、歯ぎしりしたこともある。そして、戦闘では勝っても、戦争という政治に敗れた義家は、その戦果をすべて現地に残して、無一物で都に引きあげた。その勝利は、すべて、第二の清原、第三の安倍としての藤原清衡がものにするところとなった。

こうして、頼朝の祖父為義が陸奥守を望んだら、朝廷では、頼義といい義家といい、源氏が奥州にゆくと戦争になって不吉である、為義も陸奥守になって奥州に下ると、基衡と戦うだろうといって、許さなかったというところまで、この「源氏のうらみの歴史」は続く。頼朝の「私の宿意」というのは、この「源氏相伝の意趣《うらみ》」をこの時点に集中したものである。どのようなことがあっても、源氏の棟梁として、このうらみ重なる奥州にとどめをささなくては、武門の意地が立たぬ。まして天下人ともあろうものが、東北だけ支配しかねたとあっては、きずになる。

武門の棟梁の論理からすれば、これはりっぱに正義である。同じ武門として、それに備ええなかったとすれば、滅亡は是非もない。

❖天子の詔を聞かず

こうして、泰衡や京都のような「罪のない人びと」にしてみれば、紛争の終点であったところのものが、じつはほんとうの紛争の発端であった。頼朝は急にその時点から動き出した。そして、奥州征伐の大動員令を下したのである。泰衡ら「小平泉派」による事態収拾の動きは、結果的には相伝の意趣を晴らそうという頼朝の計画に、全面的に協力していたことになる。他方、頼朝にしてみれば、あくまで泰衡に朝敵の名をはりつけておかないと、征討の大義名分が立たない。義経追討のための動員体制をそのままその与党平泉追討体制に読みかえ、さらに強化した形で、急きょ、頼朝陣頭指揮に切りかえたのは、ここで千載一遇の機会を、しゃにむにものにしようとする頼朝の固い決意を表明する。頼朝は、ここで武門の棟梁としての仕上げの仕事をしようとしているのである。朝敵追討は名目なのである。

さて、その勅許はおりなかった。朝廷は戦争をしたくない、いやさせたくない、のである。神宮の造営がある。大仏の再興もある——そんなことをいって、終戦にもちこもうとした。大魚をみすみす見のがしてしまう。頼朝はあせった。

そのときである。大庭《おおば》平太景能《かげよし》という者がすすみ出て、じりじりしている頼朝にこう進言した。

軍中では将軍の命令は聞くが、天子の詔命は聞かない。すでに征討すると奏上した以上は、しいて許可するのしないのという指示など待つ必要はない。

景能は武家の古老で、兵法の故実《こじつ》に詳《くわ》しいものとして知られていた。頼朝はこのことばを聞いて、たちどころに決定をくだした。一一八九年（文治五）七月一七日、部署が定められた。東海道（常磐方面浜通り）は千葉介常胤《ちばのすけつねたね》・八田知家《はったともいえ》、北陸道（羽越方面越後口）は比企能員《ひきよしかず》・宇佐美実政、大手(中通り奥州街道)は頼朝親衛隊。一九日、頼朝は鎌倉を出発した。

それにしても、この大庭景能のことばは劇的である。古代の天皇制権威に代わる中世武門の権威の独立を、それは断固として言い切っている。もちろん、これで頼朝が、ことごとに古代権威にさからってその支配をおしすすめるようになった、というのではない。かれは、いやその後継者としての鎌倉為政者たちも、これからさきながく京都と妥協的に政治をすすめてゆく。それにもかかわらず、武家政権の成立が、いずれは古代政権にとって代わる異質の権力の成立を意味したことは疑いない。そして、景能の、このときのこのことばこそが、武家政権のそのような新しい原理の独立宣言となったのである。

しかし、考えてみれば、このような「武者の正義」は、すでに「後三年の役」で、藤原清衡の従者重光が主張していたところである。「一天の君と雖《いえど》も恐るべからず、況《いわん》や一国の刺史に於《おい》てをや」。また、基衡の郎従大庄司季春も、同じ武者魂の持ち主だった。「主命により、宣旨をかえりみず、一矢は射候いぬ」。さらに同じころ、平忠盛の従者加藤成家という者も、「官禁を畏《おそ》れずして、武命を畏るるゆえん」を、朝廷でユーモラスに申し開きしたはなしが『古事談』に見える。景能の「故実」というのは、それらをふまえ、これを武家政治の精神として定式化して伝統につなげたものである。そこに武家の最後の棟梁としての鎌倉の意義もあったのである。

阿津賀志山（奥州征伐古戦場、福島県伊達郡国見町）

❖平泉落つ

九郎義経を亡きものにし、弟忠衡を血祭りにあげて、鎌倉への忠勤をはげんでも、頼朝の奥州征伐の決意は変わらなかった。いや逆に、ここで終局になるのをおそれて、頼朝は急に動き出した。「この間、奥州征伐沙汰の外、他事なし」。『吾妻鏡』はそうしるしている。

さすがの泰衡も観念した。忠衡を殺してから、鎌倉の侵入に備える手はずにはいったのである。それは、七月にはいってであろう。忠衡と戦ったのは六月二六日である。それに対する鎌倉の反応を見るまで、泰衡に開戦の気はなかった。これに対して、鎌倉では七月一七日には、進発の部署を定め、一八・一九両日のうちに総勢が鎌倉を発している。期間的にも十分な邀撃《ようげき》体制をつくりうるはずがない。はじめから勝敗の帰趨《きすう》は明らかであった。

こうして、平泉軍が侵入軍に備えて陣地を構築しえた所は、伊達《だて》と刈田《かった》の境、阿津賀志山《あつがし》であった。ここは、信夫庄司佐藤一族と、名取郡司・熊野別当ら、平泉が股肱《ここう》とたのむ郎等たちの本拠に近く、南奥と中奥とを境する天然の国境である。それ以南の奥州つまり今日の福島県にあたる部分は、完全に放棄されている。西木戸太郎国衡が二万の大軍をひきいて、ここを固めた。名取川・広瀬川の現仙台市内となっている両川には大縄《なわ》を張って渡河作戦に備え、泰衡みずからは総大将となって、国分原鞭楯《こくぶはらむちたて》（仙台市宮城野区榴ケ岡《つつじがおか》）に陣したというから、国府多賀城を防衛する態勢といってよい。そして、国府から平泉までの間にも、要所要所にとりでを構えた。「秋風ニ草木ノ露ヲ払セテ君ガ越ユレバ関守モ無シ」。七月二九日、鎌倉勢は、なんの抵抗なしに白河関を越えた。

阿津賀志山攻防戦は、八月八日午前六時火ぶたを切ったが、九日夜半までの激戦で、ついにおちいった。国衡は大関山を越えて出羽国にのがれようとして、刈田郡大高宮社前で、和田義盛・畠山重忠らの手にかかって討たれた。敗戦を聞いて、泰衡は戦わないで奥方にのがれ、頼朝は八月一二日、国府に入城した。東海道軍も同日多賀に入城した。

多賀から北の戦いは、ほとんどゲリラ作戦である。侵入軍にしてみれば、不案内な土地での戦いであるから、神経は使ったものの、戦闘それじたいとしては、もう組織を失った敗残兵たちの掃討戦段階である。平泉をささえる最後の戦いは、栗原郡三迫《さんのはざま》津久毛《つくも》川をはさんで戦われた。「陸奥ノ勢ハ味方ニ津久毛橋渡シテ懸《か》ケン泰衡ガ頸《くび》」。梶原のこの腰おれを最後に、平泉の抵抗は停止した。

平泉にのがれ帰った泰衡は、とどまることはもとより、自分の館に立ち寄ることさえできず、門前を走りすぎて、さらに北にのがれた。従者は平泉館に火を放った。それは八月二一日のことである。頼朝は追撃して翌日、敵首都平泉に入城した。主《あるじ》はすでになく、館は焼け落ち、数町の間、まったく人影のない町を秋雨がはげしく打っていた。「麗金・昆玉の貯え、一時の新灰となる」。平泉落城の感慨は、そう書きとめられている。三代の旧蹟は、こうして失われたのであった。

❖この君の死

さて平泉滞在第五日目、頼朝がいる旅館に一通の書面が投げこまれた。下男ふうの男が投げこんだものであった。あやしく思って見ると、表書は「進上　鎌倉殿侍所　泰衡敬白」となっていた。泰衡の嘆願書であった。

義経のことは、父秀衡が助け申したことである。どうしてそういうことになったか、自分はまったくことのおこりを知らない。父がなくなった後、あなたの命令をうけ、これを誅《ちゅう》した。これは勲功といわねばならぬ。にもかかわらず、今、罪がないのに急に征伐するのはなぜであるか。このため、代々の住所を去って、山林に隠れなければならなくなった。

まことに情けない次第である。奥羽両国はもうあなたの支配になったのだから、自分はお許しをいただいて、御家人の列に加えてもらいたいと思う、そうでなかったら、死罪は減ぜられて、遠流《おんる》に処していただきたい。もしお情けにより、お返事をくださるなら、比内《ひない》郡（秋田県大館市・北秋田市・北秋田郡）あたりに落としおいていただきたい。その是非の指示により、急ぎ降伏するようにいたしたい。

これが平泉百年の最後を閉じる将たる者のことばである。「義経をかくまったのは、父のしたことだ、自分は何も知らん。その義経を自分は殺した。これは手がらであろう。その自分をなぜ攻めるのだ、なんの罪がある」。この「罪のない天真」のために、平泉は独立を失った。まことに是非もないことであった。「せめて命だけは助けてくれ、遠流で結構だ。色よい返事を待っている」。ここまでくれば、恥の外聞の、という域を越えて、あわれというよりほかない。頼朝という人は、相手が哀願すればするほど、よけい冷酷になる人だ。そんなことにホロリとするような感傷家ではない。「泰衡は比内に向かうと読めた。そこで引っ捕えよ」。妥協の余地はない。平泉の残党も、今は、主君のために考える前に、自分のために考えなければならなくなった。一旦の命を助かろうとして、数千の軍兵に囲まれて、泰衡は夷狄島《いてきじま》、つまり北海道に落ちのびようとして、みちのくも北辺に近い比内郡贄柵《にえのさく》に家臣河田次郎を頼って宿泊した。河田はこの敗残の将、しかも主君の泰衡を襲って殺したのである。ミイラの首の主がかれだとすると、泰衡はめった打ちされた。かすり傷がいたいたしくて正視に忍びない死にかたをしたのである。

こうして平泉はまったく滅亡した。一一八九年（文治五）九月三日のことである。この年は四月に閏《うるう》があったから、季節は現在の一一月である。北国は紅葉の秋であった。三五歳。遠流になっても、命だけは助かりたい——今は一個の人間にもどった泰衡は、その最小の願いもかなえられず、死んでいった。

九月六日、泰衡の無残な首級は、平泉から北上して、志和郡陣か岡蜂杜《はちもり》（岩手県紫波郡紫波町）に陣していた頼朝のもとに届けられた。頼朝は首実検をし、「前九年の役」の安倍貞任の例にならって梟首《きょうしゅ》した。このことは重要なことである。奥州征伐は「前九年の役」の総仕上げの意味をもっている。源家相伝の意趣が、今ここでとどめを刺そうとしているのである。河田次郎は斬罪に処せられた。累代《るいだい》の主君を殺すとはふとどきである、というのであった。

この泰衡の首が、平泉に送られ金色堂に葬られたのである。眉間《みけん》から後頭部まで貫く太い鉄釘のあとが、生々《なまなま》しく梟首の事実を物語っているのである。

❖ここに人あり

政治といい、作戦といい、よいとこなしの敗戦であった。せめて死にぎわだけでもよく、と願ったのであるが、それも悲惨きわまるものに終わった。言いようのない平泉の没落史に救いとなったものが、由利八郎のことばである。平泉はこの人ひとりによって、武門の栄誉を、没落史に刻《きざ》むことができたのである。

越後口から出羽に攻め入った比企能員・宇佐美実政らの鎌倉勢は、田河太郎行文・秋田三郎致文《むねぶみ》らを打ち破って、たちまち大勢を決した。そして、おそらく秋田城から仙北の金沢柵に出て、仙岩峠つまり現在の田沢湖線ぞいに陸奥国に越え、陣か岡の本隊に合流した。これで征討軍は、三軍をすべて会して、総勢およそ二八万騎。源氏は勝利の歓呼にわきかえっていた。そのわれんばかりの源氏の陣内で、ひとりの平泉武者がとらわれ人となって尋問にあっていた。由利八郎であった。出羽での戦いに、かれは捕虜となったのであるが、その手がらを、宇佐美実政と天野則景《のりかげ》のふたりが争った。頼朝はまず、二階堂行政に両人の馬・よろいの色などをひかえさせておき、さて本人に事情聴取させることにし、その尋問を梶原景時に命じたのである。

〈景時〉おまえは泰衡の郎従のうちでもその聞こえある者だ。まさかうそいつわりなど構えることもあるまい。事実をありていに申せ。何色のよろいを着た者がおまえをいけどりにしたのだ。

〈由利〉（憤然として）おまえは頼朝殿の家人か。ただ今の言い様《ざま》は無礼千万、あきれて二の句もつげぬ。故御館《みたち》秀衡は、藤原秀郷将軍の嫡流の正統として、三代鎮守府将軍の流れを汲《く》む家がらである。おまえの主人でさえ、こんな無礼なことばをはかないであろう。まして、おまえとおれとは対等の間がら、その間になんの優劣があろう。運がつきてとらわれの身となるのは、勇士の常である。それを鎌倉殿の家人を笠に着て、奇恠《きっかい》なふるまいをされるいわれはない。返答することはできぬ。（口をとじる）

〈景時〉（顔を赤らめ頼朝に対して）この男は、悪口雑言のほかは、何も言わないので、究明のしようがない。

〈頼朝〉景時に無礼なふるまいがあったので、囚人がこれをとがめだてしたものだろう。とすればこれは道理である。代わって、畠山重忠、おまえがこれを尋問してみよ。

〈重忠〉（みずから敷皮を取り、由利の前に持って来て、これにすわらせ、さて威儀を正して）弓馬にたずさわる者でありながら、敵のためにとらわれの身となった者は、和漢によく例のあるところである。かならずしも恥とすべきものではない。たとえば、故左馬頭《さまのかみ》義朝は、平治の乱に横死をとげているし、頼朝もまたとらわれの身となって、六波羅《ろくはら》に引き立てられ、伊豆国に流された。けれども、運は見捨てることなく、天下を平らげた。あなたは今、捕虜の名をこうむっているが、いつまでも落ち目をかこっていなければならないものではなかろう。奥六郡のうちでは、あなたは、武勇の誉《ほま》れ高い武将であると、かねてから聞きおよんでいるものだから、勇士らは手がらを立てようとして、あなたをからめ取ったと、たがいに言い争っている。それで、よろいのことといい、馬のことといい、おたずねにおよんだ次第である。かれらの浮沈は、この一事で決まる。何色のよろいを着た者のためにいけどられたか、はっきりおっしゃっていただきたい。

〈由利〉あなたは畠山殿か。まことに礼法を心得られた者である。前の男の無礼なのとは格段のちがいである。事実をありていに申そう。黒糸威《おどし》のよろいを着、鹿毛馬に乗った者が、まず自分をとらえて馬から引き落とした。そのあとから追って来た者たちはどっとむらがり、どれがどれか識別ができなかった。

〈頼朝〉（報告をうけて）この男の申し開きから、その心中をおしはかるに、まことに勇者と思われる。じかにたずねたい儀がある。これに召しつれよ。

〈頼朝〉（重忠がつれてきたのに対して）おまえの主人泰衡は、奥羽両国に威勢を振《ふる》い、征伐も簡単にいかないだろうと思っていたところ、たいした郎従もなくて、河田次郎ひとりのために誅伐されてしまった。奥羽両国を管領して、一七万騎の首領でありながら、百日ももちこたえられず、二十日もたたないうちに一族がみな滅亡してしまった。話にもならないことではないか。

〈由利〉ひとかどの郎従も、多少は従っていたが、血気の者は方々の要害に分遣し、老兵は歩行も困難で進むも退くもできなくなって、心ならずも自殺してはてた。自分のような不肖《ふしょう》の者は、捕虜となったので、その最期にお伴《とも》できなかったのである。そもそも故左馬頭義朝殿は、東海道一五か国を管領なさりながら、平治の乱では一日ももちこたえられずに没落した。数万騎の主でありながら、長田《おさだ》庄司忠致《ただむね》のために、あっけなく誅されてしまった。昔と今、くらべて甲乙どうおつけになるか。泰衡が支配されたところは、わずか二か国の勇士だけである。それで数十か日の間、賢慮を悩ましたてまつったのであるから、そう軽く不覚者扱いにされるのはどうかと存ずる。

「頼朝は重ねて問われることもなく、幕を垂れ、引見は終わった」。

『吾妻鏡』文治五年九月七日の記事である。

まことに劇的な光景であった。新約聖書第一九章第五節には、「この人を見よ」Ecce Homo! ということばがあるのだが、これこそまさに、「ここに人あり」、の場面であった。時は晩秋、身のひきしまるような北国の秋である。鎌倉の精鋭二八万騎がくつわをならべて勢ぞろいしている錦絵のような舞台である。源頼朝・梶原景時・畠山重忠、鎌倉の豪華な面々がすべて顔をそろえているなかでのできごとなのだから檜《ひのき》舞台である。そこで、梶原・畠山、そして最後は頼朝とのさしの渡り合いである。そこでの堂々たる正義の主張である。平泉は、ただこの由利ひとりによって、その正当を歴史に書きとどめ、鎌倉と対等なものとしての武家の立場を主張することができた。奥州征伐の全期を通じて、由利八郎の弁明が、平泉のもっとも勇気のある抵抗であった。それは同時に、北方の古代史のレエゾン・デートル（存在理由）を整然と説き明かす遺書でもあった。

平泉はここで百年の歴史を終える。そして独立国家東北も、ここで滅亡したのである。

古代と中世の間

❖「倹は存し、奢は失う」

一一八九年（文治五）八月二二日、平泉に入城した鎌倉勢が見たものは、「麗金昆玉《こんぎょく》の貯え、一時の新灰となった」ところの奢侈《しゃし》の崩壊、文化の没落、であった。鎌倉の人たちは、この勝利を、「平泉の奢《おご》り」に対する「鎌倉の質素」の勝利とみなし、自戒したのであった。事実、鎌倉御家人は、これまで手にしたことはもとより、見たことさえない財宝の一つ一つに驚嘆の目を見はり、ため息をつきながら、その接収に当たった。葛西《かさい》清重という勇者が、そのなかの一つ、象牙の笛を、また小栗重成という者が、玉幡および金華鬘《きんけまん》を拝領して、特別恩賜として記録されている。鎌倉の武骨者たちは、ここではじめて「文化」というものにお目にかかったのである。

また、頼朝は、中尊寺の二階大堂（大長寿院）のすばらしい結構にみいられてしまい、鎌倉にそれを模《も》して永福寺を建て、同じく二階堂と称したが、このことにも、平泉が鎌倉にとって何を意味したかが、よく物語られている。鎌倉が平泉の弟子としてえがかれているのである。

平泉は、このようにして、鎌倉よりは先進的な武家世界、文化的な武家世界として、ちょうど「東における平氏」のような性格の存在である。われわれは、これまで歴史上、平氏にだけ与えてきた「古代と中世の間」としての評価のかなりの部分を分け割《さ》いて、これを平泉に与える必要があると思う。

平家は、古代の貴族世界から中世の武家世界を開く過渡期の政治的性格である。平家は、古代の形式・機構をそのまま借り用いて、その武門政権を組織した。太政大臣・内大臣・大将から公卿・殿上人・国司にいたるまで、すべて古代仕立てであった。

この点は、平泉もまったく同じなのである。鎮守府将軍・陸奥守を頂点に、その御家人組織は、郡司・郷司・荘司などの所職《しょしき》を知行する形で組み立てられた。これは、平氏が全国的な規模で組織した「武家の古代政権」を、地方的に縮小した形で実現したもの、といえる。しかし、そうなれば、その意義はあくまで地方的なものである、平氏のように全国的な評価にたえるものではない――そういうふうに考えられるかもしれない。事実、そう考えられてきたのである。

しかし、これは訂正を要する。

まず第一に、平泉政権の成立は、平氏政権よりも半世紀かた古い。そして「おごる平氏久しからず」のことばどおり、四分の一世紀も続かなかった平氏の支配に対して、実に一世紀の長きにわたる体制的支配を継続する。これは「確実な形で、武家支配を体制的に組織したもの」としては、平氏政権以上に先駆的かつ典型的であった、といわなければならない。

第二に、地方的・辺境的という点について。たしかに平泉政権は、地方的である。しかし、「日本地図を見ると、日本の半国もある」ということが、ごく普通にいわれていた地域での政治組織である。十分、全国的なものにつらなる大規模実験としての意味を帯びたもの、といってよい。しかも、東北の、とくにその北部においては、古代国家の責任ある政治支配さえ、まだ及んでいなかったのであるが、平泉は、その奥東北の、奥蝦夷までも政治の手をのばし、ここにはじめて「国家」を成立せしめたうえでの「中世実験」である。そういうことまで考慮に入れて、この平泉政権の意義を考えると、平氏などより、はるかに困難で地味な民族的課題を、この地方政権は着実に追求しているように思われるのである。

第三に、文化的な武家政権、ということについて。平泉の支配者たちが、文化人としての訓練・教養をどのくらい積んでいたかは、まったく疑問である。その点では『平家物語』に見られるような「公達《きんだち》」としての風流など、平泉には皆無《かいむ》であったというべきかもしれない。しかし、そのように、文化人としての比較でなしに、平氏・藤原氏の責任においてつくった文化の実績から比較すると、その関係はまったく変わったものになる。すくなくとも、現在、「平氏文化」としてまとまったジャンルはない。それは「平家納経《へいけのうきょう》」のようなものを除くと、すべて「院政期文化」という分類に属する。平氏にだけ帰属するような、文化史上のジャンルはないのである。これに対して「平泉文化」というのは、「院政期文化」のなかの、特別な一ジャンルとして、独立する。このことは、平泉政権の成熟が、単なる権力・武力の暴力的成長であったのではなく、歴史的個性としての総合された調和の実現であったことを示すものである。「開けた武家政権」という点では、平氏よりも平泉のほうが、はるかにまとまった実績を残していることを指摘しておかなければならない。

❖平泉と鎌倉

「平泉的なもの」と「鎌倉的なもの」。この二つを比較する場合には、まったく対照的な二組の対比が考えられるだろう。第一に、先進平泉対後進鎌倉、ということ、である。「倹は存し、奢は失う」という形での平泉（奢）・鎌倉（倹）比較論が、まさにこれであった。この考えかたによれば、平泉はその先進性のゆえに敗れ、鎌倉はその後進性のゆえに勝った。その逆でないことを、このさい、よく記憶にとどめておいていただきたいのである。そして、この場合には、その「先進性」が、つまり「平泉の古さ」であったのである。それは、平氏を一躍あの全盛に高めた先進と同じものであり、そのゆえにまた一気に奈落の底に転落することにもなるあの「古さ」とも同じものである。「構造上の古代」――そういった意味あいのものである。

もう一組の対比は、これとまったく対照的な関係にあるものである。辺境平泉対内国鎌倉――このように表現してよいかと思う。ここでは、先進・後進が入れかわって、はっきり、後進平泉対先進鎌倉という関係になる。平泉問題の特殊なむずかしさは、ここにある。それは、単純に文化であったり先進であったりするのでないと同時に、しかしまた同じ理由で、単なる辺境、単なる後進であったりするのでもない。はなやかな先進、を意味する「古代」としての「古さ」と、歴史の外におかれた「辺境」としての「古さ」とが、ここでは「一つの古さ」に癒着《ゆちゃく》している。それが「平泉的なもの」の特殊性を規定する。平泉の封建制もその「先進と後進との間」という特殊の規定は与えられるにしても、歴史的な封建制、ないし中世、の一類型を、りっぱに形成していた。

これについても、かの由利八郎の証言を援用するのが効果的だろうと思う。ここで、由利は、「平泉に育った封建制も、鎌倉に形成された封建制も、その質においては同じものである」ということをテコにして、平泉と鎌倉との全面的な対等関係を証明しようとしているのである。すでに紹介したことであるが、要点を、解説的に整理しておきたいと思う。

(1)奥御館《おくのみたち》と鎌倉殿　由利はまず、両首長の権威の由来から説きおこす。秀衡の鎮守府将軍の地位は、藤原秀郷以来武門の栄誉をうけたもので、すでに三代にわたる支配の歴史を経ている。これは、源氏の武門としての地位にりっぱに対応するものだ——由利は、そういう形で、まず「奥御館《おくのみたち》」（藤原氏）と「鎌倉殿」（頼朝）との首長としての対揚性（対等性）を強調するのである。

(2)郎等制の比較　由利のもっとも基本的な論点は、御館と鎌倉殿の首長どうしが対等ならば、同じ理くつで従者もまた相互に対等でなければならないとすることにあった。そして梶原・畠山に対する自分の対等の主張をゆずらなかった。これは、平泉のプライドにかかわることであったからである。この主張は敵側によって認められた。しかも、それは、由利のような特定人について問題になったことではなしに、一般の平泉家臣団についての「尋常郎等制」つまり平均的従者制組織の形成、という形で問題になっている。平泉家臣団は、その数一七万騎、と公称されている。これは、堂々たる北方封建国家の従者制組織、といわなければならない。

(3)封建組織の評価　二つの組織の比較においてもう一つの焦点となったのは、かりに形は同じであっても、その構造において根本的なちがいがあるのでないかということであった。現にそういう疑問を、頼朝も提示している。それに対して、由利は、こう答えた。「自分たちは、わずか奥羽両国の軍隊で、全国の軍隊と戦った。この量のちがいが、勝敗を分けたのだ。質の違いではない」と。「一七万騎も擁《よう》して、わずか数十日しか支ええなかったのは、根本的に組織に欠陥があったからでないか」。頼朝の図にのった問いに対して、こう答えている。「平治の乱のときの義朝はどうだった。海道一五か国に長として、数万の軍勢をひきいても、ただ一日で没落しているではないか。それとこれとを比較して、強い弱いを論じてもらわねばならぬ」。

もちろん、だから、すべてについて、両者が同じであったというのではない。またそういうことをいう必要もない。ただ、平泉にも、歴史上問題にしうる「一つの封建制」があって、事実、鎌倉封建制とすこしも変わりのないものだ、ということが主張され、あるところまで承認されてもいることを、ここで確認しておけば、それでことたりるのである。考えてみれば、古代以来、東国とみちのくとは、兄弟の後進地帯をなしてきたのである。封建制形成のときだけ、東国を急に先進地扱いするのが、唐突《とうとつ》なのである。似かよった歴史の風土のもとでの相対的な差を考える程度の比較が、かえって事実に即しているように思われる。

平泉文化の論理

鎮護国家

❖供養願文

天治三年、というと改元あって大治元年（一一二六）、清衡の死に先だつ二年前である。この年、中尊寺堂塔が完成し、清衡は三月二四日に落慶（落成）を祝う「供養願文」をささげた。この願文は、京都貴族の文章家の右京大夫藤原敦光《あつみつ》が文章をつくり、中納言《ちゅうなごん》藤原朝隆が清書したものとされる。しかし、もちろん、施主は清衡であることからいって、その趣旨は清衡の意をうけたものである。まず、その大意を紹介しておこう。

ここに、鎮護国家の大伽藍《がらん》一宇《う》を建立《こんりゅう》、供養する。まず三間四面檜皮葺《ひわだぶき》の金堂。それに三重塔三基、二階瓦葺経蔵《かわらぶききょうぞう》一宇。二階鐘楼一宇。鐘楼には大鐘をかけた。その鐘の音は、平

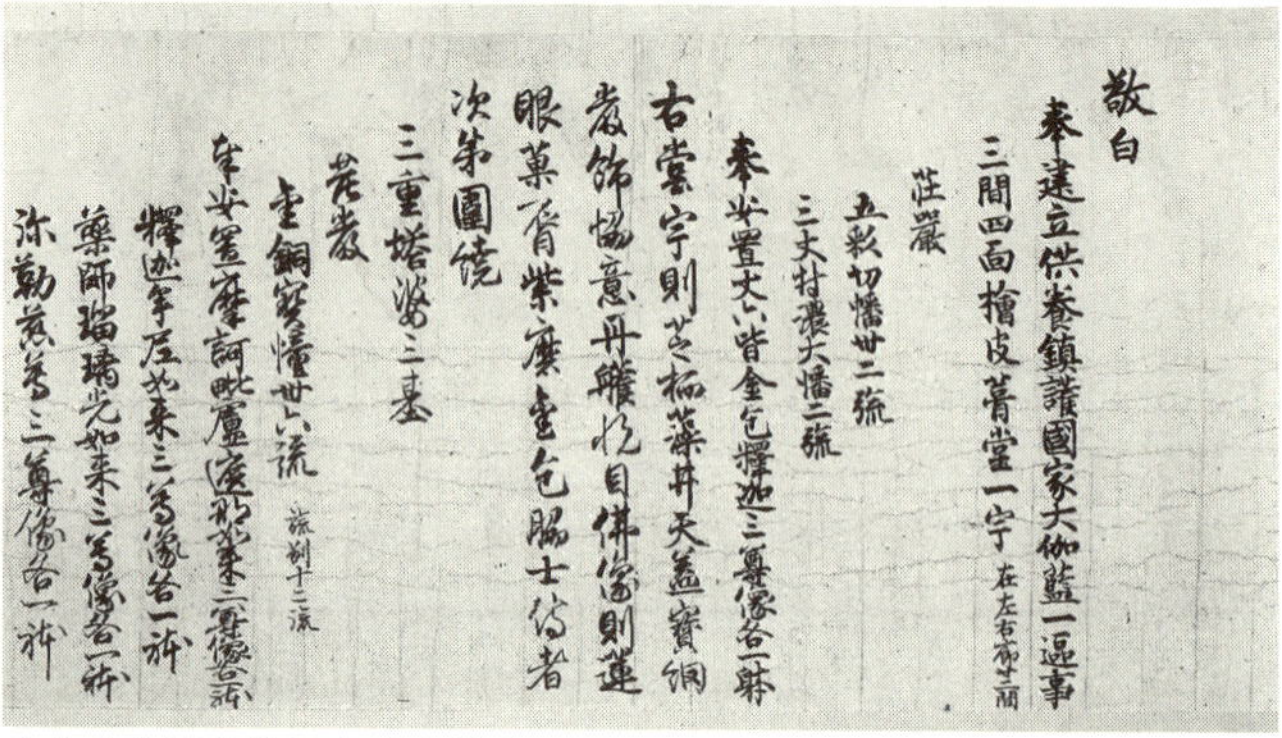

敬白
奉建立供養鎮護國家大伽藍一區事
三間四面檜皮葺堂一宇 在左右廊廿二間
荘嚴
五彩切幡卅二流
三丈村濃大幡二流
奉安置丈六皆金色釋迦三尊像各一躰
右堂宇則荘栢葉并天蓋寶網
嚴飾協意丹雘施自体像則蓮
眼菓脣紫磨金色賜士侍者
次第圖繪
三重塔婆三基
荘嚴
金銅寳幢卅六流 旒別十二流
奉安置摩訶毗盧遮那如来三尊像各一躰
釋迦牟尼如来三尊像各一躰
薬師瑠璃光如来三尊像各一躰
弥勒慈尊三尊像各一躰

中尊寺落慶供養願文（中尊寺蔵）

等に苦しみを取り除き、楽しみを与える。ここでは古来、官軍・蝦夷の死ぬ者が多かった。鳥獣魚介《ぎょかい》の殺されたものは、昔今数限りない。魂はみなあの世に去ったかもしれないが、朽ちはてた骨は、今もってこの土地の塵《ちり》となってとどまっている。この鐘が鳴って地を動かすごとに、罪なくして逝《ゆ》いたものの霊魂を浄土世界に導いていただくように祈る。

大門三宇・築垣《ついじ》三面・反橋《そりばし》一道・斜橋一道・竜頭鷁首《りゅうとうげきしゅ》画船二隻。これらについては、山を築いて地形を高くし、池を掘って水を貯えた。都を遠く離れた蛮地でのことながら、これはまさしく一大仏国土を現出したものである。

千部の法華経を千口の持経僧《じきょうそう》が同音に転読《てんどく》する。その雷のとどろくような読経の声は天にも届くことだろうと思う。

以上に述べた趣旨は、ひとえに鎮護国家のためにある。自分は東夷の酋長家の子孫であるが、戦争のないよく治まった世に生まれあい、蝦夷の国なのに憂いごと一つなく、戦場にいてもなんの心配もいらない。このときにあたり、自分は祖先のおかげ

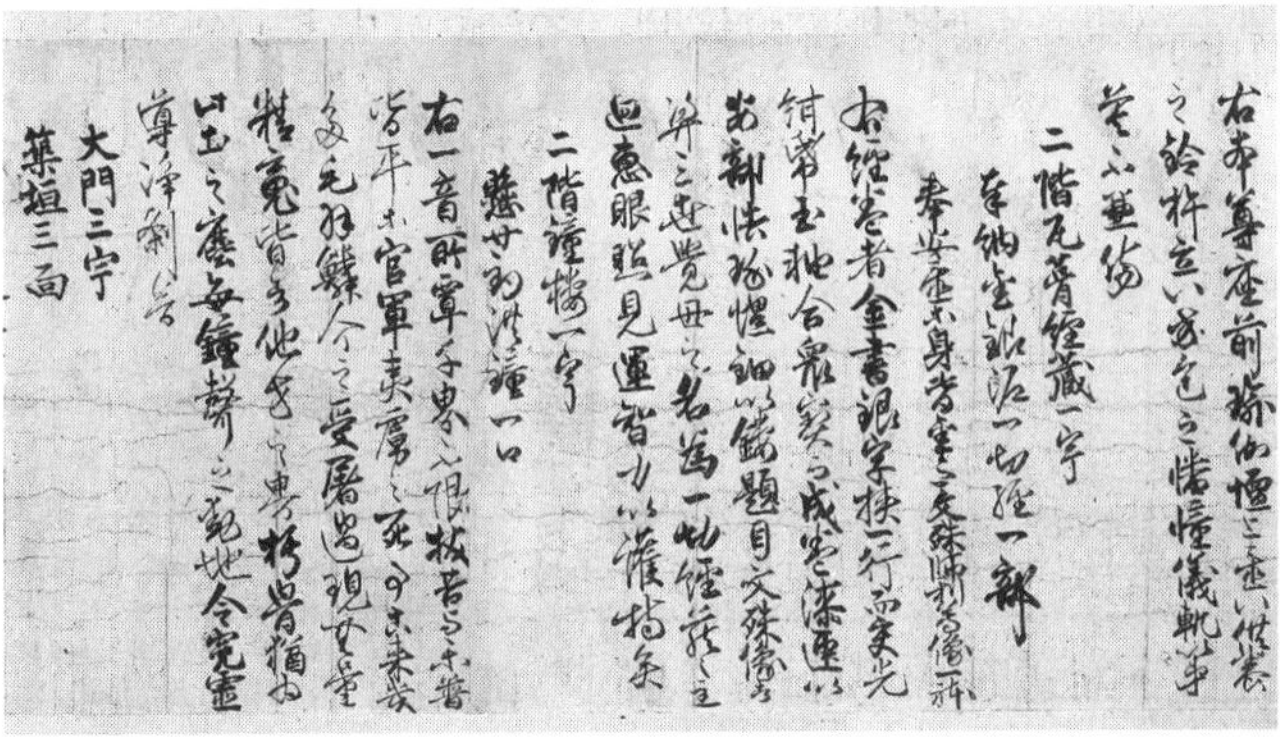

で、誤って俘囚長の地位にある。出羽・陸奥の人気は、風になびく草のように従順であるし、粛慎《しゅくしん》・挹婁《ゆうろう》のような海外の蛮族たちも、日まわり草のようになついている。そのようにして、ふところ手したまま三〇余年を経た。だから年ごとの貢物を怠ったこともないし、諸物の献上にも期を失したことがない。それでお上《かみ》ではしきりに恵みをたれて、奉国の忠節を優賞してくれている。自分は今七〇のよわいをすぎて、余命いくばくもないことを知っているが、この国恩に報ずる心は忘れえない。そのご恩返しとしては、仏事をつくす以上のことはない。そこで朝貢物のあまりと財産ののこり金すべてをたたいて、吉相のこの地を選んでお寺を建てた。高いところには山を築き、低いところには池を掘った。これは竜虎よろしきにかない、四神（青竜・白虎・朱雀・玄武）具足の地である。これにより蝦夷も善行に帰した。これはまさに仏国土そのものである。このようにして、法皇・天皇・上皇・皇后・皇太后をはじめ、三公九卿（大臣諸公）・文武百官・五畿七道万民にいたるまで、

みな、治世を楽しみ、長生を誇ることのできるよう、御願寺として、長く国家のため心から誠を祈るようにしたい。ここにこのよき日を卜《ぼく》して、この供養をとり行なう。金銀字交書一切経の金銀の光が相和して、わたしのまことを照らしてくれるように。これにより、法皇の長寿とともに、このわたくしも長くその恩徳に浴し、死後にはかならず安楽の国にいたれるように、また、この善根で限りない利益があらゆるものに及んでくれますように。

❖清衡のこころ

清衡はこの「願文」のなかで、何回も何回も、そのまことをつくして、この寺を建てる、といっている。

運命の天にあるを知ると雖《いえど》も、いかで忠貞の国に報いるを忘れんや。その報謝を憶《おも》うに、修善（仏事勤行）にしかず。

御願寺となし、長く国家区々（心から）の誠を祈らん。

金銀和光して（写経の金字と銀字とが照りはえて）、弟子（自分）の中誠を照らさん。

それなら、その「まこと」というのは、具体的にはどのような心をさしていたのであろうか。ここには、明らかに、二つの異なった発想がある。それは、蝦夷の国の戦いに明け暮れた昔をとむらい、今到来した平和を永久のものにするための願いと、天皇・公卿らに代わって、鎮護国家の祈りをこの修善にこめようとする願い、の二つである。前者はいわば「蝦夷の下からの願い」であり、後者は「支配者の上からの祈り」である。前者にとって、後者はおそれ多い雲の上の心であり、後者にとって前者は、たかだかお情け程度にかえりみられる下々《しもじも》の心にすぎない。したがって、本来なら、この二つは、相いれない異質のものである。一身に兼ねることは許されないものである。

しかし、清衡は、二つの顔をもっている。かれはまず、「俘囚の上頭」、「東夷の遠酋」として「塞外《さいがい》の蝦夷世界」に、天上さながらの仏国土を実現しようとする。この修善《しゅぜん》（仏事）は、「蝦夷を善に帰一せしめる」ための「蝦夷世界の作善」である——清衡は、そう考えている。

しかし、こうして現出する世界は、「四神具足」する地上さながらの仏国土である。仏国土が現出したとなれば、それは、もはや蝦夷世界ではない。まさに「界内」（中国）なのだ。清衡は、その「仏国土創造主」として、内国人の顔に向き直るのである。その寺を「鎮護国家の寺」と呼び、上は天皇・法皇から、下は億兆万民まで、すべての人のために祈る「御願寺」と称しえた論理は、そこから与えられたのである。「俘囚長清衡」は「あぶらぬられたる者」（神によみされたる者）として、鎮護国家の祈りを公然とささげうる司祭者の地位を、まことに自然に獲得することができたのであった。

蝦夷の世界も修善によって、都にもまさる「此土浄土」を実現できる。中尊寺がまさにそれではないか——願文はそういう自信ある底意で書かれているのである。

「鎮護国家の寺」とは、古く国分寺・東大寺のようなものをさした。延暦寺・東寺なども、後になって、「鎮護国家の寺」となる。摂関家の法成寺とか、院政時代の六勝寺《りくしょうじ》とかいうようなものも、この伝統につらなるものである。しかし、「護国の寺」は、つねにその時々の国家公権をになう者の特権行為として営れてきた。私人がかってに僭称する、というようなものではない。

いま、藤原清衡は、たかだか「俘囚の上頭」の身分で、その特権を行使しようとするのである。しかも、その鎮護国家というのは、蝦夷の国への祈りを先にして、それに重ね合わせる、という形での「鎮護国家」である。地方が国家を横取りする護国思想なのである。まことに注目すべきことといわなければならない。

❖中尊寺ということ

この「供養願文」の内容があまりに重要なために、これがほんとうに清衡のささげた「中尊寺供養願文」であるのかを疑う人もある。しかし、これはまごうかたないものである。この内容は、平泉・清衡・中尊寺でなければありえないものを骨子としている。中尊寺は、たしかにそのような「鎮護国家の寺」にふさわしい条件を備えていたのである。

まず第一に、「竜虎宜しきに協《かな》い、四神具足《ししんぐそく》の地」とされているのが、その証拠である。これは王者の地相を形容することばだからである。したがって、中尊寺は「王城鎮護の寺」という意味あいのものになってくるのである。

第二に、中尊寺は「諸仏摩頂《まちょう》の場」とされているが、これは諸仏集《つど》う極楽浄土の意味であって、仏法守護の仏国土を、すでに実現した霊場、という考えを示しているのである。

第三に、『吾妻鏡』文治五年九月一七日の記事が参照される。それによると、清衡は、白河関から外が浜まで通ずる道には、一町ごとに笠卒塔婆《かさそとば》を立てた。そして、ちょうどその中央の平泉の山頂に、中尊寺を営んだというのである。平泉が東北のまんなかであるというよりも、中尊寺が「当国の中心」であるという書きかたになっている。また同年九月二三日の『吾妻鏡』記事によれば、奥羽一万余村には村ごとに寺が建てられたともある。東北全体の祈りを、中央に結集したものが中尊寺である、という考えが、そこに示されていると考えられるのである。とすれば、中尊寺は、奥羽鎮護の中央大寺という意味のものになってくる。

第四に、寺号の「中尊寺」の意味は、こうして、奥羽の中心にある「陸奥中央大寺」ということになると考えられる。それは「供養願文」

嘉勝寺跡（毛越寺内）　アフロ提供

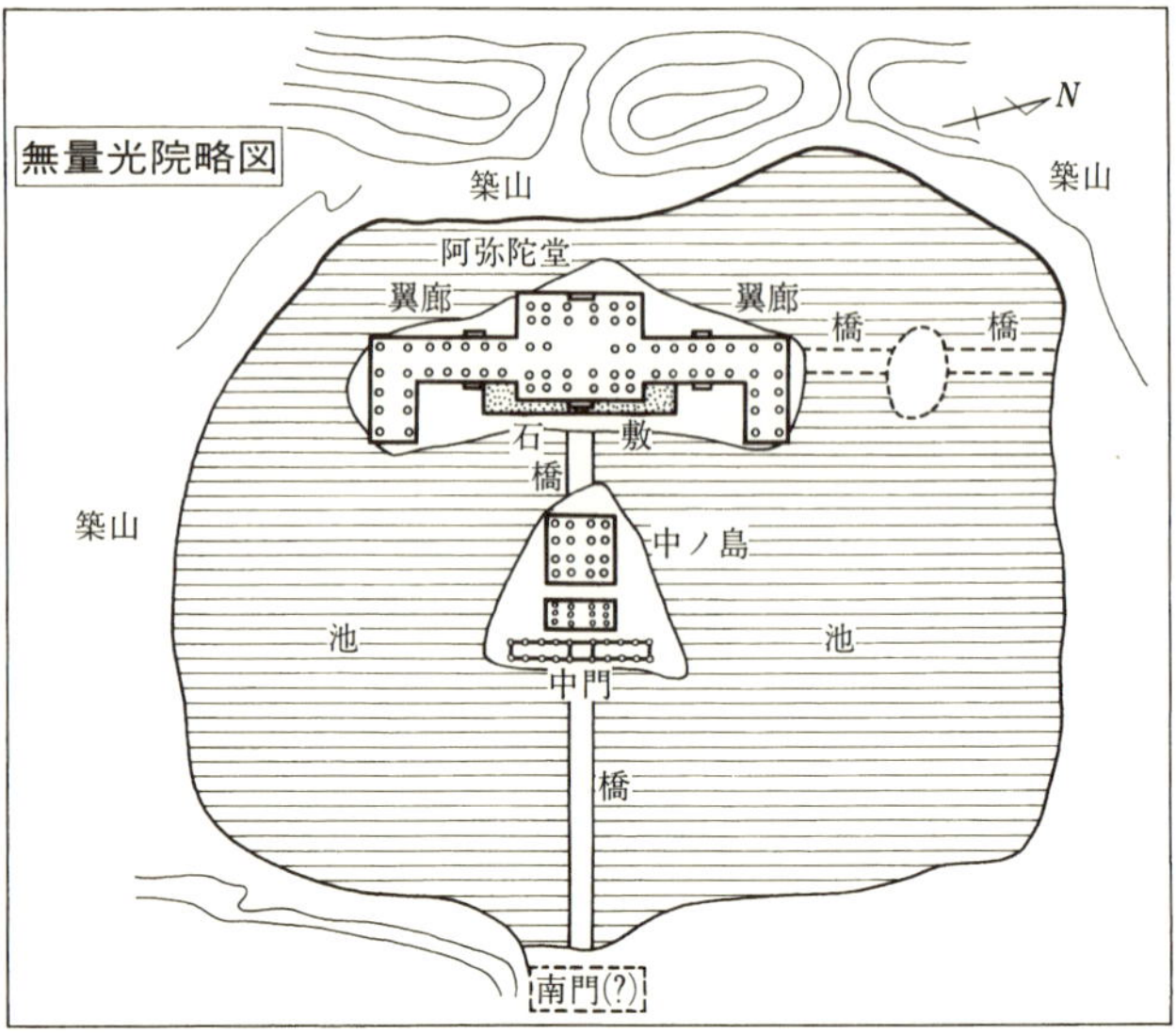

無量光院略図

にいう「界内の仏寺」「諸仏摩頂の場」をうけての寺号と考えれば、まことに自然な命名である。ちょうど、多賀国府が国分寺を、その「護国の寺」としたように、これは、新しい陸奥行政府としての平泉館に対する「新護国寺」に相当するもの、すなわち新国分寺としての「陸奥中央大寺」の意味あいのものであったと、わたくしは思うのである。

　この思想は、毛越寺にも、無量光院にも受け継がれたと考えられる。すでに引用したように、毛越寺の貞応の大鐘銘には、この寺を「国のまんなかにある寺」とする考えが示されている。それは、中尊寺という発想と同じものである。毛越寺の原型を定めた「嘉勝寺」というのは、おそらく六勝寺にあやかった寺号であろう。無量光院が平等院を模したというのも、何も「荘厳《しょうごん》」（飾り）だけのことでなしに、「摂関家の寺」の系譜につらなることを意図したと考えてよいと思う。

もし、そのような推定が可能であるとすると、藤原三代の「修善」というのは、国の中央にあって、護国の祈りをささげる、という思想につらぬかれていたと、いえるのである。金色堂に藤原氏の遺体が納められたのも、こうして単なる葬法の問題でなしに、王法（政治）・仏法相依《そうえ》（相互扶助）の思想を死後まで延長して、「法王」として国の平和を護持する、という考えを具体化したものといってよいのである。

皆金色の思想

❖金銀和光

解体修理の成った金色堂は、燦然と極彩色《ごくさいしき》の華麗《かれい》にかがやいている。関係者が浮いてしまったものになる冒険をおかしてまで、あえてこの極彩色の華麗に復元したのには、十分歴史的な根拠があった。平泉諸寺院は、みなそのように金色燦然とかがやいていたと伝えられているからである。次の記述を見よ。

釈迦堂は、百余体の金箔《きんぱく》塗《ぬ》りの釈迦像を安置している。両界堂《りょうかいどう》（金剛界・胎蔵界）の両部

讃衡蔵（宝物殿）（中尊寺）　アフロ提供

諸尊はみな木像であるが、すべて金色である。二階大堂は高さ五丈あり、本尊は三丈の金色阿弥陀像、脇士《わきじ》も同じく金色丈六の阿弥陀像である。金色堂は、上下の四壁・内陣とも皆金色《かいこんじき》である。堂内には三壇を構えているが、これはことごとく螺鈿細工《らでんざいく》である。

以上は、『吾妻鏡』文治五年九月一七日条の中尊寺関係の記事である。この伝統は、二代基衡の毛越寺、その妻の観自在王院、三代秀衡の無量光院にも、そのまま受け継がれた。毛越寺については、次のようにいわれている。

金堂は円隆寺という。金銀をちりばめ、紫檀《したん》・赤木のような舶来の木を継木《つぎき》につかって、万宝をつくし、極彩色にしている。

『吾妻鏡』のこの記事は、平泉の僧たちが落城後の平泉の保護を求めて提出した平泉諸寺院の現状報告を、そのまま記録したものである。したがって、そのまま信用してよいものであるが、なお、同書の嘉禄二年（一二二六）一一月八日条で、そのことを再確認することができる。

陸奥国平泉円隆寺（毛越寺と号す）焼亡す。（中略）霊場は、荘厳においては、吾朝無双なり。

ところで、清衡の「供養願文」は、これらの華麗について、次のようないいかたをしていたのを、おもいかえしていただきたい。

金銀和光して、弟子の中誠を照らさん。

すなわち、金銀の調和して照りかがやくところに、仏徒のまことがこめられている、というのである。だとすると、この華麗は、単なる奢侈ではない。それを通して、信心のまことを明かす修善の行為であったのである。平泉の信仰の本質は、この金銀和光を通して至信のまことを表明するところにある、「皆金色」が一つの宗教哲学であったところにあると思うのである。

❖此土浄土

清衡の「供養願文」によれば、中尊寺は、低いところに池を掘り、竜頭鷁首《りゅうとうげきしゅ》の船二隻をそこに浮かべ、反橋・斜橋によって、金堂につらねていた。その位置は、おそらく現在の「讃衡蔵」下、「三重の池」と伝えている場所である。中島と思われる中央の築山をめぐって円形に水田をなしているところが、往時の水面の位置で、「讃衡蔵」およびその前面の庭になってい

毛越寺庭園　アフロ提供

る付近が金堂の位置であろうと思われる。ただし、発掘では、まだ確認されていない。

池があって船を浮かべていたとなれば、これは一つの遊興施設でもある。中尊寺は清衡にとって別荘でもあった。そのことは、毛越寺の場合、さらに明瞭である。同じ臨池伽藍《りんちがらん》でも、中尊寺の場合は、金堂は高く、池は低いという高低があるが、毛越寺の場合は平地伽藍となって、金堂と池とは同一レベルで北と南に位置し、両者は回廊で結ばれているから、そのプランは、全体として、平安時代の貴族の邸宅であるところの寝殿造の形態をとる。この「大泉池」と呼ばれる「苑《えん》池《ち》」には、実際、船が浮かべられ、回遊していたと考えられる証跡がある。その第一の証拠は、中島にかけ渡された橋の橋脚は、現在も水の中に残っているが、その橋脚の間合は、中央間《ちゅうおうま》だけが広くなっている。これは船を通す必要から、とくにとられた措置であろうと考えられている。第二の証拠として、この池の北東水ぎわには、「船だまり」と推定される石組遺構が発見されて、実際船がここにつなぎとめられていたろうことが、ほぼまちがいないものになったのである。もちろん、その船もまた竜頭鷁首の船であったのである。

こうして、毛越寺は、基衡・秀衡らにとって、鎮護国家の道場であるとともに、念仏往生の持仏堂であり、より多く欣求浄土《ごんぐじょうど》の遊楽の場であった。現当二世《げんとうにせ》（現世・未来）の祈りは、この浄土庭園のうちに、さながらに実現される。浄土曼荼羅《じょうどまんだら》という考えがそれを示すのである。「曼荼羅」というのは、浄土世界を模式図ふうに図形化して、これを目のあたり具象化したものをいう。中尊寺や毛越寺では、浄土庭園は、そのようにして、「此土浄土《しどじょうど》」を現出していたのである。だとすれば、人はこの世さながらに往生する「即身成仏《そくしんじょうぶつ》」ということになる。

❖ 極楽の荘厳

浄土を彼岸の世界と考えないで、此土さながらに往生・成仏すべきものと考えたのは、空海の「即身成仏」の思想であった。平安末期の浄土教思想は、極楽往生の確かさを、「此土」の念仏修善のうちに現認しようとする宗教、「即身成仏試行」の哲学であったといえる。阿弥陀堂の造営が盛行し、それが迎接堂《ごうしょうどう》（阿弥陀仏が来迎して死者を極楽に引接《いんじょう》する堂）とも呼ばれ、したがってこれを無量光の輝く弥陀の浄土そのものに見立てて光堂・金色堂とも名づけたりしたのは、そのあらわれであった。庭園がその前に営まれて、これは「浄土曼荼羅」つまり、極楽浄土の世界を地上に具現したものと考えられたが、こうなれば、「此土浄土」というのは、単なる観念ではなくなり、一つの仮想現実となる。貴族たちは、この阿弥陀堂を別邸とするようになった。それはつまり、弥陀の浄土に住まいすることにほかならない。「此土浄土」が現実となったのである。御堂《みどう》関白道長の法成寺、その子宇治殿頼通の平等院は、そのみごとな実験であった。

『栄華物語』によれば、法成寺のはなやかさ尊さは、あたかも極楽浄土もかくやと思われるばかりであったという。たるきのはしばしから、よろずのかなものにいたるまで、すべてはみなこがねの色に光りかがやいていた、というのである。

頼通の「宇治の平等院」はそれを小型に切りつめたように精巧華麗な阿弥陀堂であった。平安末期から鎌倉時代にかけては、「極楽不審《うたがわし》くば、宇治の御寺を礼《うやま》へ」（後拾遺往生伝）とか、「平等院をみれば、極楽のしやうごん（荘厳）ゆかしくみる」（中務内侍日記《なかつかさないしにっき》）などといわれて、平等院が、極楽そのものであり、そのあかしである、とまで考えられていたのである。

中尊寺や毛越寺・無量光院などの平泉の諸寺院は、このような光りかがやく浄土教芸術の系譜につらなって、その「此土浄土」の理想を一つの肉づいた現実としたものである。

これらの寺は、いちように浄土庭園をともなっている。中尊寺金堂がそれであり、毛越寺金堂・千手院、そして観自在王院・無量光院、みなそうである。とくに毛越寺金堂は、池に対し

無量光院跡（平泉町）　アフロ提供

て寝殿造楼閣としてのプランを示していることからいって、平泉のこれら諸寺院は、藤原三代の「此土往生」の思想を証示するものであった、といってよい。無量光院は「院内の荘厳、ことごとく平等院を模するところなり」とされているが、プランそのものからして、平等院の模倣であった。だから、ここでは、平等院同様「極楽のしやうごんゆかしくみる」理想が追求されていたと考えてよいのである。

けれども、この「此土浄土」の理念の具象化という点で、もっとも特徴的であったのは、金色堂であった。いったい、金色堂とか光堂とかいうのは、本来、阿弥陀堂、とくに迎接《ごうしょう》の阿弥陀堂、の異名である。阿弥陀仏は無量光仏である。その弥陀が死者の臨終に来迎し、これを極楽に引接《いんじょう》（迎えとる）するときには、金色の光明に光りかがやくお姿で降臨する。そのときには堂内は金色に光りかがやく。そのために、この来迎引接の弥陀をまつる阿弥陀堂は「迎接堂」とも呼ばれた。それが金色堂であり、光堂であった。

しかし、後世、金色堂とか光堂とかいえば、それは、中尊寺の金色堂をさすようになり、現在では、まったくの固有名詞化している。その点、奈良東大寺の正倉院と同じ関係にある。それは、直接的には、この種の阿弥陀堂のうち現存するものとしては金色堂が代表的であるためでもある。しかし、このさきでさらに検討するように、より根本的に、およそ金色堂・光堂と名づけうるもので、この堂宇のように、文字どおり「皆金色」のものはなかったからでもある。それは、最小の世界にコンパクトな精美をつくり出したために、どれにもまして「皆金色」の効果をあげることができたのである。

金色堂は、浄土のめでたさを、この目で確めることのできる「此土浄土」の堂宇である。平泉はこうして、地上に極楽をつくる、という願いを、大胆に具象化したのであった。

❖死という生

以上のどれにもまして、金色堂の「此土浄土」・「即身成仏」の思想を鮮明に具体化しているのは、葬堂としての金色堂の性格である。金色堂は、単なる阿弥陀堂ではない。それは藤原三代の遺体を床上にミイラとしていつきまつるところの葬堂でもあるのである。

当時は、葬堂を生前に営み、迎接会《ごうじょうえ》のような供養を営み、死後そこに納骨・納棺することは、よく行なわれていた。白河法皇の成菩提院《じょうぼだいいん》、鳥羽法皇の安楽寿院のごときである。藤原氏もまた、この風《ふう》をうけた——まずそういってよいであろう。しかし他の場合では、納棺はかならず堂内地下に穴を掘って埋めるのを常例とする。金色堂のように、仏壇の床上に置かれた例はない。これは、はっきり遺体保存を意図しての葬法である。そのために、金色堂がはじめから葬堂として営まれたものか、それともはじめ常行堂《じょうぎょうどう》（阿弥陀仏のまわりを念仏しながらまわれるように設計された阿弥陀堂）様の阿弥陀堂として建てられ、のち葬堂となったか、議論がある。わたくしはどちらかというと後者が正しいと思うが、しかし、この問題の本質は、そこにはない。

壇上に、永久保存するように遺体を安置したのはなんのためか。まず、そこにある。主要堂塔の配置される祈禱寺のまんなかを葬堂とする例もないのに、それをあえてしたのはなぜか。第二に、そこが問題である。

これは、鎮護国家の祈りにおいて、この堂の、この人たちの精霊が欠くことのできないものであったことにもとづく。この人たちは、死という名の生において、やはり現実に支配し、君臨する人たちと考えられたのである。それは、あの世で聖なる命を生きるものとしての生ではない。金色堂という三間四方世界を、あたかもヴァチカン公国のようなものとして支配するローマ法皇のような王者の生を、藤原の人たちは生きる。金色堂は、阿弥陀如来という教主の世界から、新しい宗教君主としての藤原の聖霊にささげられた。そして、平泉支配は、金色堂と平泉館とを結ぶ祭政一致の政治として組織されることになるのである。

のちに秀衡が父基衡のために写経したとき、基衡は「金色堂所天聖霊藤原基衡」と呼ばれている。また、平泉館の位置を示すのには、「金色堂の正方」というように、金色堂を基準にするようになるが、これもまた、金色堂が生きた政治意志の源であることを物語っている。

これは、「即身成仏」・「此土浄土」の思想を、もっとも人間的・現実的にとらえて、平泉文化に独自のハリを与える哲学である。現実的《レアル》＝理想的《イデアル》という総合ないし調和の世界を、平泉はきわめて素朴に実現した。平泉文化はその素朴が積極的な創造に結実した産物なのである。

平泉の遺産

❖正倉院とともに

平泉文化・中尊寺・金色堂・毛越寺庭園――いろいろなことばで、人はとりどりに、この文化について語るのだが、さて、かけ値ないところ、平泉文化というのは、どれほどの値うちのものだろうか。これについて、もっとも明快な評価を与えられたのは、石田茂作博士である。図録『中尊寺』（朝日新聞社版）のなかで、博士は次のようにいう。

「中尊寺は、藤原時代における各種工芸技術の展示場であり、競演場である。正倉院を奈良時代工芸の宝庫というならば、中尊寺は藤原時代工芸技術の宝庫と称すべきである」。

この理解によるならば、中尊寺の文化は、すくなくとも工芸文化としてみるかぎり、それは、藤原時代つまり日本で貴族的文化のもっともはなやかだった平安後期を代表する文化の宝庫、という位置づけを与えられたことになる。奈良時代なら正倉院、藤原時代としては中尊寺——この観点は、平泉文化を単なる模倣文化としていやしめたり、あるいはひなにはまれな珍奇をよろこぶ程度の評価を、きびしくこばむ。平泉文化は、広い日本文化の歴史の場で、その存在理由が正面から問われなければならない種類の文化なのである。

それなら、中尊寺文化は、どうして、そういう高い評価をうけるようになったのか、それは、中尊寺においては、藤原時代の美術工芸を成立せしめるのに必要な一級品が、一式セット文化として存在することによるのである。

すなわち、これを具体例についていうと、建築としては金色堂がある、そこには仏像も各壇一一体ずつ計三三体、およそ三〇年ずつの発展を示す三期のものがある。仏壇・仏具は、各種の木工・金工・漆工の粋をつくし螺鈿《らでん》の象嵌細工《ぞうがんざいく》がさらに優雅をそえ加えている。これにはさらに、金銀字交書一切経・金字一切経・朱版一切経などのおびただしい写経が加わり、遺体調査の結果発見された錦綾の染織、山内各所の五輪塔・宝塔などの石工、毛越寺境内にみごとに復元された大泉池の浄土庭園などをあわせ考えると、平泉においては、藤原時代の仏教美術・工芸を一つのセット「小宇宙《ミクロコスモス》」として組み立て直すことが可能なのである。

これは、奈良でも京都でもできないことである。平泉があるために、平安美術史は、かろうじてその全体像を後世に残すことができた――そういう評価を、われわれは、中尊寺や毛越寺の鑑賞においては、その一つ一つの美術工芸について確認する必要があるのである。

❖小さな総合

平泉にだけあって、よそにはないもの、そのために平安時代、とくに藤原時代の美術史の欠が補われているもの――そういう観点から、平泉文化の諸相を考えておく。

まずなんといっても、金色堂そのものが、平泉文化の特色を総合的に代表する。三間三間、わずか五・五〇メートル（一八尺二寸）四方のこの小堂は、全体が一つの精巧な工芸品という性格のものである。宝形造《ほうぎょうづくり》の屋根は木瓦葺、木製の瓦模造品が屋根を覆う。柱上の組物には軽快な蟇股《かえるまた》が装飾手法に用いられている。天井は「折上小組格天井《おりあげこぐみごうてんじょう》」という。壁との間が曲線でつらなる天井で、木で細かく四角の格子《こうし》を作りながら中央に高く突き出る細工を繊細に施す。そして四壁から天井まで室内はことごとく漆を塗り金箔を押し、螺鈿の象嵌細工《ぞうがんざいく》を施している。

内陣には四本の豪華な巻柱が立ち、中央須弥壇《しゅみだん》（仏壇）上には、中尊阿弥陀・脇侍観音・勢至・六地蔵・二天（持国天・増長天）の計一一体の群像がところせましと並び、壇下のカマチには、孔雀《くじゃく》の目を奪うように精巧なくりぬき彫刻すなわち格狭間《こうざま》が、螺鈿細工で乳白色の優美を浮き彫りする。金銅製の造花つまり華鬘《けまん》が、ていねいに線刻で迦陵頻伽《かりょうびんか》（極楽浄土にいるという想像の鳥）を陽刻し、地には宝相華《ほうそうげ》唐草文《からくさもん》をすかし彫りして、浄土の春を告げるかのように、ふんわり壇上にそえられている。

「日光を見ずして結構を語るな」とは、近世のことであるが、古代の結構をつくした工芸といえば、まず指を金色堂に屈してよかろう。

なかでもっとも平泉的なものは、内陣四本の七宝荘厳巻柱《しっぽうしょうごんまきばしら》である。これは過去において造られた柱のうち、もっとも豪華を極めたものである。古代工芸は、ここでその粋《すい》をつくしている。

柱は高さ二一八センチ・周囲一一二センチ。下に金銅製の逆花《かえりばな》（蓮華を上下逆にしたもの）の台座を置き、その上に芯《しん》を八枚の檜板で包み一〇か所を金銅珠文の帯金具でとめて、円筒状にまず組み立てる。その上に布を貼り、厚い漆の下地をつくって、その上に螺鈿をはりつけ、ふたたび下地漆を塗って平らにし、最後に仕上げとして研《とぎ》出《だ》し蒔絵《まきえ》を施したものである。上のほうの三つの小区画には、おのおの四方に円形をつくり、密教にいう胎蔵界の菩薩像を各一体ずつ計一二体を蒔絵し、銀箔をおした光背をはり、その外側は宝相華文などの蒔絵で飾る。すなわち十二光仏である。

螺鈿と蒔絵、漆工と金工との調和がつくり出したこの柱は、日本工芸史上の一つの極致を示すものである。最小規模に集約された総合文化としても、文化史上の典型をなす。

❖珠玉の小品

金色堂自体がそうであるように、平泉の文化でほんとうに平泉的であるものは、普通の名所・旧蹟や神社・仏閣でそうするように、立って、ざっと見渡して終わりにする、という大味のものにはない。ていねいにディテールを見つめ、そのデリカシーを見分ける、感じ取るというような種類のものに、そのほんとうのよさがある。そのため、たくさんの人に見られているわりに、平泉らしさがよく知られていないように見うけられる。金色堂では、漆のにおい、螺鈿のこまかいタッチ、華鬘や十二光仏の一点一画などが、実は、金色堂の美の急所である。光りかがやく一般の印象そのものは、どちらかというと、浮いたはなやかさでしかない。そのはなやかさに奥行きをもたせるためには、それらの繊細な成りたちに注意を向けなければならない。

同様にして、中尊寺では経蔵の八角須弥壇格狭間の螺鈿細工はすばらしい。ホコリをかぶった壇上も、この螺鈿の淡いかがやきによって、歴史のホコリのようにおちつくのである。「金銀字交書一切経」というのがある。紺紙に見返りの絵をあしらって、金泥・銀泥の字を一行ごとに交互に書き分けたものである。これは僧蓮光が、都くだりの写経師を指揮して書いたものであるが、現在、この種のものは、広島県尾道市浄土寺に法華経一巻があるだけで、日中（日本・中国）を通じても、ここだけという稀有《けう》のものである。現存するものは一五巻、他の大部分は高野山・河内観心寺その他に移っている。

宝物館の讃衡蔵では、各種の仏具・仏器のたぐいが、貴重である。すなわち仏壇・礼盤・天蓋・幡頭・磬架《けいか》・経架《きょうか》・灯台・平塵案《へいじんあん》などのようなものである。これらのものは、他の寺々では、火災その他のために、ほとんど失われている。仏像のような大道具ばかりあっても、以上のような小道具のともなわない寺院文化は、一つのセット文化にはならない。中尊寺は、そのような各種小道具を残すことによって、平安美術史の舞台を、ほぼ古代なみの装置に復元することができるのである。

❖一字金輪

寺である以上、やはり本尊は仏像でなければならない。『吾妻鏡』文治五年九月一七日条の平泉衆徒注文によると、平泉には、かずかずの名作・霊仏があった。まず、二階大堂すなわち大長寿院は、五丈の高さの堂宇のなかに、三丈の阿弥陀中尊、八体（九体は誤り？）の丈六脇侍仏を安置したという。早いところ浄瑠璃寺《じょうるりじ》の九体仏のような光景をおもい浮かべていただけばよいのであるが、規模は一まわり雄大である。九体仏としては、もっとも雄大なものといってよいであろう。すべて繊細な美しさが身上の平泉文化において、これはその規格を破る文化として、注目される。

また、毛越寺金堂円隆寺の本尊薬師如来像は、鳥羽法皇から東下りをさしとめられたという逸話を残す絶品であった。吉祥堂本尊は補陀落《ほだらく》寺本尊生きうつしの霊仏として知られ、丈六の観音像に胎内仏として秘蔵した、といわれている。

しかし、それらのすべては失われて今はない。しかしながら、金色堂各壇には、阿弥陀三尊(中尊阿弥陀・脇侍観音・勢至)・二天(持国天・増長天)・六地蔵の計一一体がセットに合計三三体、堂内所せましとならぶのは、花やぐ浄土の春をたたえるように美しい。すべて定朝ふうに円満具足の優美をきざむ。東日本におけるヒノキ造・寄木《よせぎ》・定朝様式としては、もっとも早く典型的なもの。地方色などみじんもとどめぬ中央作である。

経蔵の八角須弥壇は、壇そのものが貴重であるばかりでなく、螺鈿の格狭間がまた二つとない絶品である。これを台座に、騎獅子文殊《きししもんじゅ》菩薩像が安置されている。後世、この像の鎌倉移動がうわさされたとき、一山の大衆は、全山焼土と化してもこれを阻止する、といったほどの霊仏、と称されている。現在は尊容をかなり損じているが、さすがに藤原の高貴をとどめ、名作たるを失わない。

しかし、中尊寺の仏像、といえば、だれしも指を秘仏一字金輪仏《いちじこんりんぶつ》に屈する。この仏像は、いろいろな意味で、平泉の諸仏を代表するにふさわしいのである。

まず、この仏像は、三代秀衡の持仏と伝えられ、そのゆえに秘仏として、特別な敬意をはらわれてきた。そのことに、すでに「諸仏の仏」としての歴史性が語られている。

一字金輪仏の「金輪」というのは、「諸仏の仏」としての大日如来を、文字通り最高法王としてあがめて「太陽王」の意味で名づけたもの。「一字」というのは、梵字《ぼんじ》「ボロン」の種字によって、真言、つまり仏の全知全能を象徴する意味なのである。このことからも、本像が、平泉諸仏の王として君臨する理由がうかがわれようと思う。

しかし、この仏像が、すべての人によって名作とされるのは、もっと芸術的な意味からである。一字金輪――人呼んで「人肌の大日」という。この仏像のように肌が美しいために名をえているものは他にない。それほど、その肌は、生きる人の肌のようにすばらしい。しかも、その腕釧《うでくしろ》が白い腕にはめられたあたりは、肉体にくい入ったかと思われるばかりに生々《なまなま》しい。ほお紅《べに》は、今さしたかと疑われるばかりに新鮮で、目は玉眼である。ガラスの玉が、奥で異様に光って、人肌の印象を、さらに生きた女神のように厨子《ずし》のなかに美しくする。

カツラ材の寄木造、七六センチ。厨子に造りつけになって、正面にだけ造られて背はないから、半肉彫のような姿である。しかも、その彫刻法も、積み木を積み上げるように、木をはぎ合わせてつくりあげている。

この種の一字金輪という製作例が珍しいばかりでなく、玉眼というガラス玉を目に入れて写実的にする手法としても、これはもっとも早い例の一つである。背がまったくなく、積み木様《よう》のはぎ木手法というのも、他に例を見ない彫法である。それらかずかずの製作上の特徴に加えて、見た目に覚える美しさは、文字どおり「エステーティッシュなもの」、感覚的に美的なものである。神的な美しさを、人間的な美しさの極致として表現しようとしている点でも、藤原的＝平泉的文化の典型、といえるのである。

❖浄土曼荼羅

平泉文化の遺産のうち、中尊寺の諸文化にもまして貴重なのは、毛越寺庭園大泉池の遺構である。

日本には、古く平安京の神泉苑、嵯峨天皇の嵯峨院大沢池、河原左大臣源融《とおる》の河原院庭、宇治関白頼通の平等院庭園など、その名の著聞《ちょぶん》する庭園がすくなくない。その遺構も、現在知られている。しかしながら、そのどれによっても、当時の原状をさながらに知ることはできない。それらはただ、往時のおもかげを伝える、という程度なのである。

これに対して、毛越寺庭園は、借景《しゃっけい》から築山《つきやま》・洲浜《すはま》・遣水《やりみず》・中島にいたるまで、その遺構を

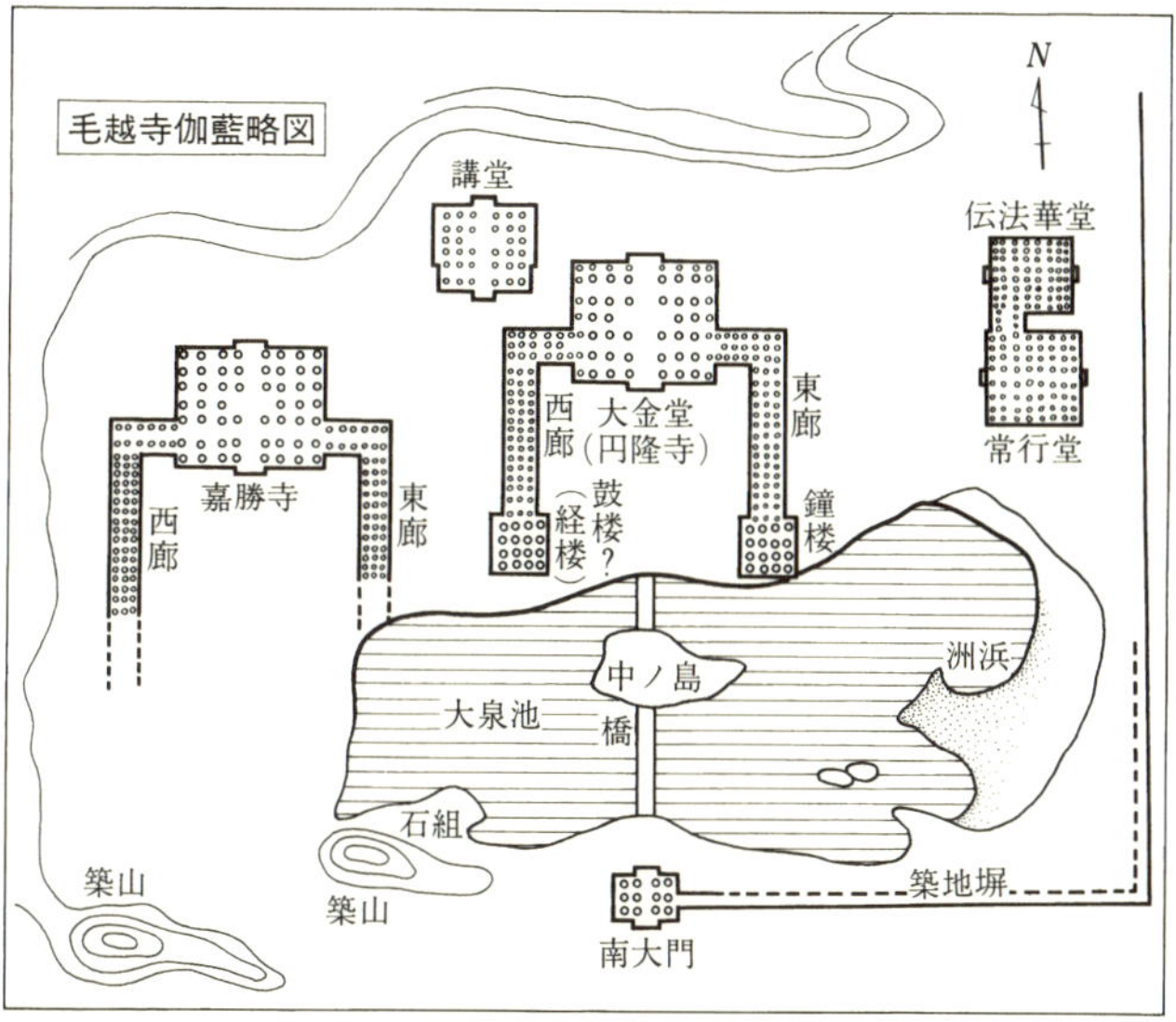

毛越寺伽藍略図

ほぼ完全に近い形で残している。中世の禅宗庭園が成立するまでの古代庭園のうち、この庭園ほど保存がよく、原状を保っているものはない。優雅な美しさを奥深くたたえている点でも屈指の名園である。

そのうえに、この庭園の貴重なわけは、発掘調査によって、その作庭技法を地割から石組まで細部にわたって科学的に明らかにして、いわゆる浄土庭園の復元的研究の基準をなしたモデル庭園であるというところにある。

平安時代の庭園製作に関する本に『作庭記』というのがある。そのなかには、たとえば、次のような文章がある。

大海様は、まず荒磯《ありそ》（荒浜）の有様を立つべきなり。その荒磯は、岸の辺にはしたなくさきいでたる石（乱雑に先のとがった石）どもを立て、汀《なぎさ》をとこね（床根、大地の底石）になして、立て出でたる石あまた沖ざまへ立て渡して、離れ出でたる石も少々あるべし。これは皆、浪のきびしくかくる所にて、洗い出だせる姿なるべし。さて所々に洲崎・白浜見え渡りて、松などあらしむべきなり。

このような記述については、こうであろう、というような推定は可能であったが、物について、それを実証し、復元する、という手だてを、これまでもたなかった。その限りにおいて、『作庭記』は、書かれた本にとどまっていた。毛越寺庭園は、それを遺構によってみごとに実証した。荒磯の築山・立石の景観、洲崎・白浜の小波にたわむれて見渡されるながめなど、ここでは、遺構が『作庭紀』を一つ一つ実証している。

したがって、この庭は、古代庭園としては、もっとも標準的なものといわねばならないのである。

しかし、この庭に実際に遊ぶ人たちは、それが造園理論にかなっているから、というので、これをめでているのではない。人はもっと深い法則支配をここに感ずる。それは、「此土浄土」の理法を確実にふんで構成されるみごとなアンサンブルである。いわゆる「浄土庭園」の規格に従って「極楽のしやうごんゆかしくみる」幽玄の展開がここにはあるのである。「浄土曼荼羅」と呼ばれる地割構図が、それである。「浄土曼荼羅」というのは、浄土の理想世界を模式図ふうに図形化したものである。そのなかから阿弥陀三尊その他の諸仏菩薩を除いた構図をそのまま庭園の地割に移行すると、ここに「浄土曼荼羅」としての浄土庭園が成立する。毛越寺庭園は、その浄土曼荼羅構図を、忠実に写した典型的な浄土庭園として、おそらく、この種庭園の唯一の遺構なのである。

ここでは、南大門中央池汀から中島へ、中島から対岸金堂前中央池汀へ、南北に橋がかけ渡される。そして、この直線が、境内南北中軸線となって、庭園を二分する。心字の池には往生を助ける功徳の水がゆったり広がって「宝池会《ほうちえ》」——極楽世界の池をなす。この功徳《くどく》の水を渡って、念仏行者は、中島「三尊会《さんぞんえ》」へと導かれる。阿弥陀如来は、この島の上に諸人を迎えとる——この庭に遊ぶ人たちは、そういう約束ごとを信じていた。それが「浄土曼荼羅」ということなのである。

だとすると、この庭のなかには、浄土世界がこのように切り取られていた、ということになろう。金色堂といい、またこの毛越寺庭園といい、平泉文化は、方丈のうちに「文化の小宇宙《ミクロコスモス》」を追求するという形で、文化史上、独自の世界を切り開いているように思われる。

藤原清衡関係年譜

（○基衡は生・歿年共に詳かでない。今その生年を仮りに一一〇五年（長治二）と推定し、年齢欄には、右にもとづく推定年齢を（　）で囲んだ数字で示した。）

年	号	年齢	年譜
七八〇年	宝亀一一		伊治公呰麻呂反乱、多賀城失陥す。
八〇二年	延暦二一		坂上田村麻呂、胆沢城を築く。
八〇三年	延暦二二		坂上田村麻呂、斯波城を築く。
八〇四年	延暦二三		このころ、鎮守府、胆沢城に移る。
八一一年	弘仁　二		陸奥国、和賀・稗縫・斯波三郡を置く。
八一二年	弘仁　三		諸国夷俘のために同類中より俘囚長を任ず。
八一三年	弘仁　四		諸国の介以上、夷俘専当国司とする。
八六二年	貞観　四		胆沢城東に黒石寺薬師如来像造顕さる。
八七八年	元慶　二		出羽国秋田城下に俘囚の大乱起こる。
一〇五一年	永承　六		奥六郡俘囚長安倍頼時反し、前九年の役起こる。 源頼義これを追討す。
一〇五六年	天喜　四		前九年の役のさなか、藤原清衡生まる。
一〇五七年	天喜　五		安倍頼時敗死す。
一〇六二年	康平　五		清原武則参戦。頼義ら征討戦に勝ち、安倍貞任敗死、清衡の父経清斬首、安倍宗任ら降伏、前九年の役終わる。

一〇六三年	康平 六	八歳 清衡	前九年の役の論功行賞。頼義正四位下伊与守、義家従五位下出羽守武則従五位下鎮守府将軍。このころ、清衡の母安倍氏、清原武貞に再嫁す。
一〇六七年	治暦 三		源頼俊、蝦夷を討つ。戦功によりその部将清原貞衡、鎮守府将軍に任ぜらる。
一〇八三年	永保 三	二八	後三年の役起こる。清衡、家衡とともに真衡を攻める。
一〇八七年	寛治 元	三二	清原武衡・家衡ら、金沢柵に滅び、後三年の役終わる。清衡、義家に協力し、勝ち残る。
一〇九一年	寛治 五	三六	清衡、はじめて関白藤原師実に馬を献じ、中央に知らる。
一〇九二年	寛治 六	三七	清衡、国司の制止をきかず合戦を企てる。
一〇九四年	嘉保 元	三九	このころ、清衡、江刺郡豊田館より磐井郡平泉に居館を移す。
一一〇五年	長治 二	五〇	このころ、清衡、中尊寺建立に着手。最初院成る。基衡このころ誕生。
一一〇七年	嘉承 二	五二	中尊寺大長寿院成る、と伝う。
一一一一年	天永 二	五六	太政官外記良俊、禁をおかして清衡のもとに下る。
一一二〇年	保安 元	六五	陸奥国小泉荘の年貢のことにつき、清衡、本所の関白忠実に愁訴す。
一一二二年	保安 三	六七（基衡一八）	秀衡生まれる。
一一二四年	天治 元	六九	中尊寺金色堂成る。

一一二六年	大治 元	七一	中尊寺金堂落慶。清衡、願文ささぐ。
一一二七年	大治 二	七二	清衡、延暦寺のため荘園をたて、国司と争う。
一一二八年	大治 三	七三（二四）	七月一六日、清衡死す。
一一二九年	大治 四		基衡、弟惟常と合戦し、陸奥国、公事欠怠す。
一一三〇年	大治 五		清衡の妻、上京、物議をかもす。
一一四二年	康治 元	（三七）	このころ、基衡、国司藤原師綱の検注に抵抗して争う。
一一五三年	仁平 三	（四八）	奥羽五箇荘につき、基衡、本所左大臣藤原頼長と年貢増徴問題を争う。
一一五五年	久寿 二	基衡（五〇） 秀衡 三四	泰衡、このころ生まる。
一一五七年	保元 二	（五二）	基衡、このころ死す。
一一七〇年	嘉応 二	四九	五月二五日、秀衡、鎮守府将軍となる。
一一八〇年	治承 四	五九	源頼朝挙兵。義経、平泉より出陣、黄瀬川に向かう。秀衡、佐藤継信・忠信兄弟をそえる。
一一八一年	養和 元	六〇	八月一五日、秀衡、陸奥守となる。
一一八四年	寿永 三	六三	秀衡、東大寺大仏修理料を献ず。
一一八六年	文治 二	六五	秀衡、頼朝と協定し、京都への貢馬・貢金を鎌倉経由とする。
一一八七年	文治 三	六六	一〇月二九日、秀衡死す。

一一八九年	文治 五		閏四月三十日、泰衡、義経を衣川館に襲い、自害せしむ。六月二六日、泰衡、弟忠衡を攻め殺す。七月一九日、頼朝、奥州征伐に出陣。八月二二日、頼朝、平泉入城。九月三日、泰衡、肥内郡贄柵において郎従河田次郎に殺さる。

参考文献

『平泉志』高平真藤　願成就院　明21
『奈良平安時代の奥羽経営』菊池仁齢　奉公会　大4
『奥羽沿革史論』日本歴史地理学会　仁友会　大5
『武家時代之研究一』大森金五郎　富山房　大11
『武家時代之研究二』大森金五郎　富山房　昭4
『日本民族』東京人類学会　岩波書店　昭10
『中尊寺と藤原四代』朝日新聞社　朝日新聞社　昭25
『無量光院跡』文化財保護委員会　吉川弘文館　昭29
『東北史の新研究』古田良一博士　還暦記念会　文理図書出版　昭30
『蝦夷』古代史談話会　朝倉書店　昭31
『蝦夷史料』東北大学東北文化研究会　吉川弘文館　昭32
『奥州藤原氏四代』高橋富雄　吉川弘文館　昭33
『奥州藤原史料』東北大学　東北文化研究会　吉川弘文館　昭34

『中尊寺』朝日新聞社　朝日新聞社　昭34
『アイヌ文化誌（選集二）』金田一京助　三省堂　昭36
『奥州平泉』板橋　源　至文堂　昭36
『平泉毛越寺と観自在王院の研究』藤島亥治郎　東京大学出版会　昭36
『蝦夷』高橋富雄　吉川弘文館　昭38
『続日本の彫刻東北』久野　健　田枝幹宏　美術出版社　昭39
『みちのくの世界』高橋富雄　角川書店　昭40
『藤原秀衡』高橋　崇　人物往来社　昭41
『東北の歴史　上』豊田　武編　吉川弘文館　昭42
『みちのく風土と心』高橋富雄　社会思想社　昭42
『古代の日本東北』伊東信雄　高橋富雄編　角川書店　昭45

さくいん

【さ行】

【ま行】

【や・ら・わ行】

新《しん》・人《ひと》と歴史《れきし》　拡大版《かくだいばん》　07
平泉《ひらいずみ》の世紀《せいき》　藤原清衡《ふじわらのきよひら》

定価はカバーに表示

2017年5月30日　　初　版　第1刷発行

著　者　高橋《たかはし》　富雄《とみお》
発行者　渡部　哲治
印刷所　法規書籍印刷株式会社
発行所　株式会社　**清水書院**
〒102−0072
東京都千代田区飯田橋3−11−6
電話　03−5213−7151㈹
FAX　03−5213−7160
http://www.shimizushoin.co.jp

カバー・本文基本デザイン／ペニーレイン　　DTP／株式会社 新後閑
乱丁・落丁本はお取り替えします。　ISBN978−4−389−44107−4